W0324105

H. J. Hucke

## WESTERWALD IM FARBBILD

Schnell mal durchquert: Auf der Autobahn Köln-Frankfurt, auf der Sauerlandautobahn, auf der West-Ost-Achse Koblenz-Dernbacher Dreieck Limburg-Gießen, demnächst auf der Schnellbahnstrecke Köln-Frankfurt. Ein klein wenig nach rechts und links geschaut und doch nichts gesehen, nichts erlebt.

Der Westerwald ist viel zu schön, viel zu abwechslungsreich, viel zu eindrucksvoll, um ihn nur schnell zu durch- oder zu umfahren. Hinein in die Landschaft, abseits der großen Durchgangsrouten, auf stillen Nebenstraßen, auf aussichtsreichen Bergrücken und durch romantische Täler. Gerastet an seinen Naturschönheiten, hineingeschaut in die Stätten seiner Geschichte und Kultur, gewandert auf reizvollen Wanderwegen. Dazu will dieser Bildband anregen. Mit einer Auswahl von Motiven, die uns allesamt sagen: Da muss ich auch mal hin, das muss ich gesehen haben! In der Tat: Abseits der großen Ballungsgebiete und doch schnell zu erreichen, bietet der freundliche Westerwald die besten Voraussetzungen für einen erlebnisreichen und zugleich erholsamen Aufenthalt in einem attraktiven Ferienland.

Da sind die von allzu schroffen, ermüdenden Steigungen verschonten Höhengebiete. Weit schweift der Blick von den Türmen und Aussichtsbergen ins stille Land: Vom Köppelturm auf der Montabaurer Höhe, vom Beulskopfturm nördlich Altenkirchen, vom Ottoturm über dem Siegtal, vom Wilhelmsturm über Dillenburg, vom Dünsbergturm nördlich Gießen, vom Dianaburgturm über dem Ulmtal, vom Lichterkopfturm über Lahnstein, vom Ölbergturm im Siebengebirge; von all den herrlichen Aussichtshöhen und Aussichtskanzeln. So viele gibt es derer, dass ein Wander- und Ausflugsleben kaum ausreicht, sie zu erwandern, zu erkunden. Gut markierte Wanderwege leiten uns hinaus, über Viehweiden und Feldfluren, durch noch urwüchsiges Heideland und durch tiefe Wälder. Ein frisches, gesundes Lüftchen ist so recht nach dem Geschmack des Wanderers. Landschaftsnamen wie Urlaubspark Hoher Westerwald,

## THE WESTERWALD IN COLOUR

You're quickly through it: on the Cologne-Frankfurt autobahn, on the Sauerland autobahn, on the east-west route via Giessen - Limburg - Dernbach triangle - Koblenz, and soon on the high-speed rail link Cologne - Frankfurt. A glance or two to the left and right – but we haven't really seen anything, experienced anything.

The Westerwald is much too beautiful, much too varied, much too impressive just to quickly drive through or round. Take off into the countryside, away from the big trunk routes, on quiet by-roads, along panoramic hill-top ridges and through romantic valleys. Stopping for a rest in the beauties of nature, to view the historical sites, or for a walk on exciting hiking trails. This volume is an invitation to do just that. With a selection of photos that makes us say: I must go there too, that's something I must see. The friendly Westerwald, away from the big conurbations and yet within easy reach, is indeed an attractive holiday area, with all you need for an eventful and at the same time relaxing stay.

There are the hills and uplands that spare you all too steep or tiring a climb. Our gaze ranges out over the peaceful countryside from the towers and panoramic hilltops: from the Köppelturm on the Montabaur Heights, from the Beulskopf Tower north of Altenkirchen, from the Ottoturm above the Sieg valley, from the Wilhelmsturm above Dillenburg, from the Dünsbergturm north of Giessen, from the Dianaburgturm above the Ulm valley, from the Lichterkopfturm above Lahnstein, the ölbergturm in the Siebengebirge; from all the glorious viewpoints and hilltop turrets. There are so many of them that one hiker's or daytripper's life is barely enough to explore them all. Well-signposted hiking trails take us out over meadows where cattle graze and open fields, through unspoilt heathland and deep forests. A fresh healthy breeze is just up the hiker's street. Names like the Upper Westerwald Holiday Park, Kroppacher Schweiz (Kroppach's Switzerland), the Westerwald Lakes Recreation Area, the Kannenbäckerland (Pot-baker's Land), Montabaur Heights,

## LE WESTERWALD EN COULEURS

La région se traverse rapidement: sur l'autoroute Cologne-Francfort, l'autoroute du Sauerland, l'axe ouest-est Coblence, le triangle du Dernbach, Limburg, Giessen... et bientôt on aura le «TGV» Cologne-Francfort. On regarde un peu à gauche et à droite, mais on n'a rien vu, rien vécu.

La région du Westerwald est bien trop belle, bien trop diversifiée pour qu'on la traverse en vitesse ou qu'on la contourne. Il faut s'y enfoncer, quitter les grandes voies de communications et partir le long des petites routes, sur les crêtes des collines qui offrent des vues merveilleuses et à travers les vallées romantiques. Se rassasier des beautés de la nature, découvrir des lieux remplis d'histoire et de culture, partir au gré des sentiers et des chemins: tel est l'objectif de ce livre. Ses images nous forcent à dire: il faut que j'aille là! Il faut que je voie ça! En effet, à l'écart des grandes agglomérations industrielles et pourtant d'accès facile, le Westerwald est une contrée idéale pour y passer des vacances reposantes ou pleines d'activités.

Les randonneurs ne trouveront pas de versants escarpés et fatigants dans ses collines, mais des tours et hauteurs d'où ils découvriront des paysages paisibles: la tour dite Köppelturm sur le mont de Montabaur, la Beulskopfturm au nord d'Altenkirchen, l'Ottoturm qui domine la vallée de la Sieg, la Wilhelmturm au-dessus de Dillenburg, la Dünsbergturm au nord de Giessen, la Lichterkopfturm sur les hauteurs de Lahnstein, l'Ölbergturm dans le Siebengebirge (chaîne des Sept-Montagnes): il y a tant de points de vues que des semaines de randonnées suffiraient à peine pour les découvrir tous. Des chemins balisés nous emmènent à travers des pâturages, des champs, des landes et des forêts épaisses. Une brise fraîche et saine vivifie le randonneur. Les noms des lieux illustrent les paysages: Parc de vacances du Haut Westerwald, Kroppacher Schweiz (la Suisse de Kroppach), Parc de loisirs de la Westerwälder Seenplatte (les lacs du Westerwald), Espace de repos de Montabaurer Höhe (Hauteur de Montabaur) ou Lahrer Herrlichkeit (la Splendeur de Lahr).

Kroppacher Schweiz, Erholungsgebiet Westerwälder Seenplatte, Kannenbäckerland, Großruheraum Montabaurer Höhe, Lahrer Herrlichkeit, Linzer Höhe, Land der Hauberge, Dornburg-Plateau, Knoten, Schelderwald-Berge, Auf der Hörre oder Dünsberg lassen dies erahnen.

Dann, mehr zu den großen, umrahmenden Bach- und Flusstälern hin, die vielen schmalen Riedelhochflächen über tiefen Tälern. Nahe beieinander hier die kleinen Hochzonen, sanften Quellmulden oder auch schroffere Kerbtälchen mit Felspartien; und auch die meist recht stillen Täler mit Wiesengründen und Waldhängen. Genannt seien beispielsweise Esterau und Buchfinkenland im südlichen Westerwald, Windecker Ländchen, Wisserland, Gebhardshainer Land oder Hickengrund im nördlichen. Oder gar das großflächige Naturschutzgebiet des fast eigenständigen Siebengebirges.

Schließlich die großartigen Täler, deren Bäche sich windungsreich und immer tiefer in das Mittelgebirge einschnitten und der Dill, der Lahn, der Sieg, dem Rhein zustreben. Dietzhölze, Schelde, Aar oder Lemp wollen zur Dill –, Ulm, Kallenbach, Elbbach oder Gelbach zur Lahn –, Sayn und Wied zum Rhein –, Daade, Heller, Nister oder Hanfbach zur Sieg. Einige lassen sich, jedenfalls abschnittsweise, mit dem Pkw durchfahren; andere stehen nur dem Wanderer offen. Reizt da nicht eine Verschnaufpause in einer romantisch gelegenen Mühlenwirtschaft? Oder gar ein Urlaub auf einem Campingplatz im stillen Tal? Über den gesamten Westerwald verstreut liegen Natur- und Landschaftsschutzgebiete, zeugen einmalige, charakteristische Natur- und Landschaftsformen von seiner natürlichen Vielfalt. Erinnern wir an die Naturparke Siebengebirge, Rhein-Westerwald oder Nassau, denken wir an so einmalige Räume wie an das Hochmoor des Derscher Geschwemms, das Wildweiberhäuschen bei Haiger, die Bachschwinden und Karsthöhlen des Erdbachs, die Trödelsteine bei Lippe, die Wilhelmsteine im Schelderwald, die Wacholderheiden bei Westernohe oder Hohenaar, den Malberg bei Wirges,

Lahrer Glory, Linzer Heights, Dornburg-Plateau, Knoten (knot), Schederwald Mountains, Dünsberg give us an idea of the countryside that awaits us.

Then more in the direction of the stream and river valleys, the many high-lying marshlands above the deep valleys. The little uplands, the gentle spring basins but also steeper-sided rocky clefts lie close together: and the valleys, usually very peaceful, with meadowland and forested slopes. Some examples are the Esterau and Buchfinkenland (Chaffinch Land) in the southern Westerwald, the Windecker Ländchen, Wisserland, Gebhardshainer Land or Hickengrund (Goats Valley) in the north. Or the extensive nature reserve of the almost independent Siebengebirge.

Finally the magnificent valleys where streams have dug their sinuous way ever deeper into the uplands, heading for the Dill, the Lahn, the Sieg or the Rhine. Are you not tempted to stop for a breather in a romantically situated mill inn. Or to spend a camping holiday in a quiet valley? There are nature reserves and protected areas spread all over the Westerwald, witnesses to its unique, characteristic and very diverse natural environment. For example the Siebengebirge, Rhine-Westerwald and Nassau nature parks, the countryside, the high moors, the karst caves of the Erdbach, the Trödelsteine near Lippe, the Wilhelmsteine near Gemünden, the juniper heathlands, the Malberg near Wirges and the Westerwald Lakes. The Holzbach gorge near Gemünden, the Ruppertsklamm near Lahnstein or the Langenbergskopf near Leutesdorf. And then the many abandoned clay pits and basalt quarries which, often tucked away and hard to find, have developed into precious wetland biotopes.

Discovering the Westerwald is also discovering the site of an ancient civilization. Take a drive, for example, along the Raiffeisen Road from Neuwied to Hamm/Sieg, along the Kannenbäcker Road, the Solms Castle Road or the Lahn Valley Holiday Route. Famous churches and monasteries, castles, towns and villages with picturesque half-timbered houses can be found everywhere. A few examples:

Parlons maintenant des vastes vallées au fond desquelles coulent des cours d'eau et des vallées profondes surplombées de plateaux étroits de marécages. On découvre un patchwork de petites hauteurs, de vallons aux pentes douces, de ravins plus rébarbatifs et de vallées paisibles dont les versants boisés entourent des étendues de pâturages. Citons par exemple Esterau dans le sud, Wisserland dans le nord du Westerwald ainsi que le vaste parc national du Siebengebirge (Sept-Montagnes) qui est un territoire pratiquement autonome.

Parlons finalement des magnifiques vaux dont les ruisseaux sinueux s'enfoncent entre les monts du Mittelgebirge pour aller rejoindre la Dill, la Lahn, la Sieg ou le Rhin. La Schelde et l'Aar courent vers la Dill, le Kallenbach et l'Elbbach vers la Lahn, la Sayn et la Wied vers le Rhin et la Nister vers la Sieg. On peut parcourir en voiture, du moins par tronçons, certaines de ces petites vallées; d'autres ne s'explorent qu'à pied. Qui n'aurait pas envie de découvrir un vieux moulin-auberge niché dans un site romantique? Ou même de monter sa tente sur un terrain de camping caché au creux d'un vallon? Le Westerwald renferme de nombreux parcs naturels régionaux et autres aires protégées qui témoignent de la richesse et diversité de sa nature unique. Rappelons les parcs réputés du Siebengebirge, du Rhin-Westerwald et de Nassau et allons découvrir des paysages captivants tels que le marais du Derscher Geschwemms, les grottes dites Karsthöhlen qui bordent les méandres de l'Erdbach, les rochers près de Lippe, les étendues de genévriers près de Westerohe ou Hohenaar, le mont du Malberg à Wirges, le territoire des lacs, le ravin dit Holzbachschlucht près de Gemünden, la crête de la Ruppertsklamm près de Lahnstein ou le massif du Langenbergskopf à Leutesdorf. N'oublions pas les glaisières et les carrières de basalte, parfois cachées au fond de la nature, qui sont devenues aujourd'hui de précieux biotopes.Découvrir le Westerwald signifie également partir en un voyage culturel.

Des routes agréables telles que la Raiffeisenstrasse entre Neuwied et Hamm/Sieg, la Kannenbäckerstrasse, la Solmser Burgenstrasse (route des

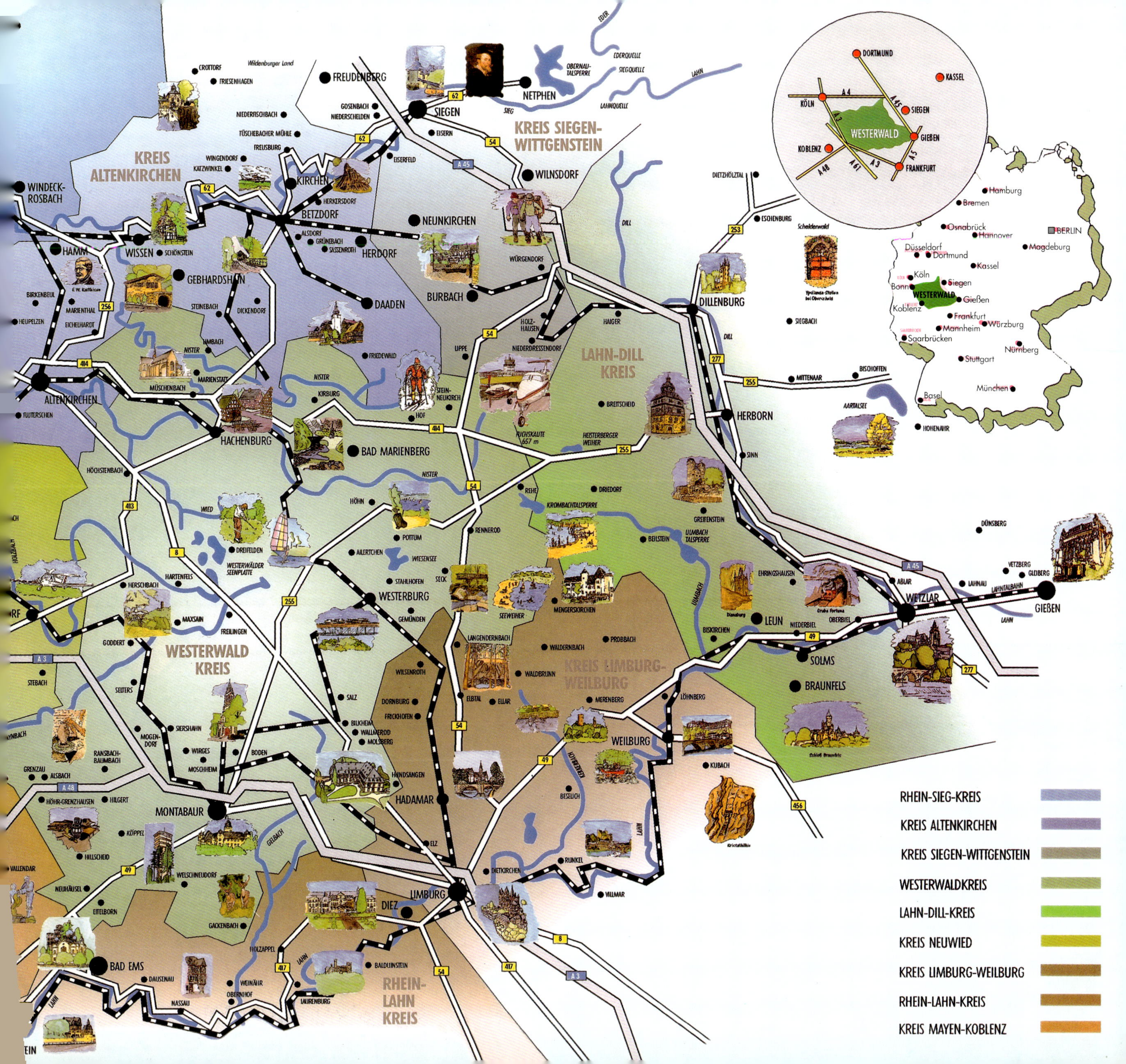

KREIS ALTENKIRCHEN
KREIS SIEGEN-WITTGENSTEIN
LAHN-DILL KREIS
WESTERWALD KREIS
KREIS LIMBURG-WEILBURG
RHEIN-LAHN KREIS
FREUDENBERG
SIEGEN
NETPHEN
WILNSDORF
KIRCHEN
BETZDORF
NEUNKIRCHEN
WINDECK-ROSBACH
HAMM
WISSEN
HERDORF
GEBHARDSHAIN
DAADEN
BURBACH
DILLENBURG
ALTENKIRCHEN
HACHENBURG
BAD MARIENBERG
HERBORN
WESTERBURG
LEUN
WETZLAR
GIEßEN
SOLMS
BRAUNFELS
WEILBURG
MONTABAUR
HADAMAR
LIMBURG
DIEZ
BAD EMS
DORTMUND
KASSEL
KÖLN
SIEGEN
GIEßEN
KOBLENZ
FRANKFURT
WESTERWALD
A 4
A 45
A 3
A 61
A 48
A 5
Hamburg
Bremen
Osnabrück
Hannover
BERLIN
Düsseldorf
Dortmund
Magdeburg
Kassel
Köln
Siegen
Bonn
WESTERWALD
Gießen
Koblenz
Frankfurt
Würzburg
Mannheim
Saarbrücken
Nürnberg
Stuttgart
München
Basel
RHEIN-SIEG-KREIS
KREIS ALTENKIRCHEN
KREIS SIEGEN-WITTGENSTEIN
WESTERWALDKREIS
LAHN-DILL-KREIS
KREIS NEUWIED
KREIS LIMBURG-WEILBURG
RHEIN-LAHN-KREIS
KREIS MAYEN-KOBLENZ

# Westerwald im Farbbild
# The Westerwald in colour
# Le Westerwald en couleurs

## Im Zentralen Westerwald



## Auf dem Weg zum Rheinischen Westerwald



## Der Westerwald im Bereich der Sieg



## Im östlichen Westerwald



## Im Lahn-Westerwald



## Von Koblenz zum Siebengebirge

den Brinkenweiher an der Seenplatte, die Eisenbachwiesen bei Meudt, die Holzbachschlucht bei Gemünden, die Ruppertsklamm bei Lahnstein oder den Langenbergskopf bei Leutesdorf. Dazu an die vielen aufgelassenen Tongruben und Basaltbrüche, die manchmal ganz versteckt gelegen, sich zu wertvollen Feuchtbiotopen entwickelt haben.

Den Westerwald entdecken, heißt auch, sich von einem alten Kulturland begeistern zu lassen. „Erfahren" Sie einmal die Raiffeisenstraße von Neuwied nach Hamm/Sieg, die Kannenbäckerstraße, die Solmser Burgenstraße oder die Lahntal-Ferienstraße. Berühmte Kirchen und Klöster, Burgen und Schlösser, Stadt- und Dorfbilder mit malerischen Fachwerkhäusern wollen bestaunt werden. Wenige Beispiele seien hier wieder genannt: Als Kirchen St. Peter in Ketten zu Montabaur oder die Daadener Barockkirche, als Dorfkirchen die von Gemünden oder Niederweidbach, als Klosterkirchen die von Ehrenstein oder auf Berg Schönstatt, als Wallfahrtskirchen die Westerburger Liebfrauenkirche oder die auf dem Blasiusberg, Bergkapellen wie auf dem Steimel bei Wirges oder auf dem Herzenberg bei Hadamar, die Wehrkirchen von Kircheib oder Pütschbach oder die Doppelkirchen auf Greifenstein und in Schwarzrheindorf auf Bonns Westerwaldseite. Berühmte oder auch stimmungsvolle Klöster wie Marienstatt im Nistertal oder Altenberg über der Lahn oder gar die Schönstätter „Klosterlandschaft" bei Vallendar. Wussten Sie, dass Burg Grenzau den einzigen dreieckigen Bergfried Deutschlands besitzt? Dass der Greifenstein, sehen wir einmal vom Ehrenbreitstein ab, die mächtigste Burganlage des Westerwaldes ist? Haben Sie schon Schloss Molsberg oder Schloss Schönstein aufgesucht? Kennen Sie schon die eindrucksvollen Stadt- und Ortsbilder von Hachenburg, Herborn, Hadamar, Stadt Blankenberg oder Mehren? Übrigens: Beim Wettbewerb „Unser Dorf soll schöner werden" schneiden Westerwalddörfer immer besonders erfolgreich ab. Oder waren Sie schon am Limes, dem römischen Grenzwall, teilweise mit Wall und Graben sowie Wachttürmen rekonstruiert, durchgehend auch als Wanderweg markiert?

the church of St. Peter in Chains in Montabaur, or the baroque church in Daaden; the village churches in Gemünden and Niederweidbach; the monastery churches of Ehrenstein or Schönstatt; the pilgrimage churches in Westerburg (St. Mary's) and on the Blasiusberg; the mountain chapels on the Steimel near Wirges or on the Herzenberg near Hadamar; the fortified churches of Kircheib or Pütschbach; or the double churches on Greifenstein and in Schwarzrheindorf on the Westerwald side of Bonn. Famous monasteries and convents full of atmosphere such as Marienstatt in the Nister Valley or Altenberg above the Lahn, or the Schönstätt "monastery country" near Vallendar. Did you know that Grenzau Castle has the only triangular keep in Germany? Or that Greifenstein is the most massive fortified castle of the Westerwald, if we leave aside Ehrenbreitstein for the moment. Have you paid Molsberg Castle or Schönstein Castle a visit yet? Or do you know the impressive townscapes of Hachenburg, Herborn, Hadamar, Stadt Blankenberg or Mehren? By the way: in the competition "Let's smarten up our village", villages in the Westerwald always did especially well. Or have you seen the limes, the Roman border wall, partially reconstructed with a rampart and moat and watchtowers, marked as a hiking trail all the way along? Museums like the Westerwald Countryside Museum in Hachenburg, the Ceramics Museum in Höhr-Grenzhausen, the Clay-mining Museum in Siershahn, the Mining Museum in Herdorf, the Villa Grün Museum of Economic History in Dillenburg, the State Museum in Ehrenbreitstein fortress, the District Museum in Neuwied, the Archaeological Museum of the Ice Age in Monrepos all offer important insights. More "deep-seated" are the visitor mines near Gebhardshain (Bindweide Mine) or near Oberbiel/Lahn (Fortuna Mine).

There are a whole host of things to do locally in the individual towns and villages, both for the tourist in a hurry and the holidaymaker with more time: pottery in the Kannenbäckerland, surfing on the Wiesensee, fishing, riding, gliding, guided walks, health spa treatment in Bad Marienburg or Bad Endbach – the list goes on and on.

châteaux de Solms) ou la Route des vacances de la Lahn conduisent à des églises et cloîtres célèbres, à des forteresses et châteaux-forts, à des villes et villages aux pittoresques maisons à colombages. Allons visiter l'église Saint-Pierre en chaînes, près de Montabaur, l'église baroque de Daaden, les églises de villages de Gemünden et Niederweidbach, les églises de cloîtres d'Ehrenstein ou de Berg Schönstatt, les églises de pèlerinage de Westerburg ou du mont dit Blasiusberg, les chapelles sur les hauteurs du Steimel près de Wirges ou au Herzenberg près de Hadamar, les églises fortifiées de Kirchheib et de Pütschbach et les églises «doubles» de Greifenstein et de Schwarzrheindorf dans la partie du Westerwald qui s'approche de Bonn. La célèbre abbaye de Marienstatt dans la vallée du Nistertal et le monastère d'Altenberg sur la Lahn évoquent des pages d'histoire médiévale. Saviez-vous que le château-fort de Grenzau possède l'unique donjon triangulaire d'Allemagne? Et que le Greifenstein est la plus grande forteresse du Westerwald si l'on excepte celle d'Ehrenbreitstein à Coblence. Connaissez-vous les châteaux de Molsberg et de Schönstein ou les localités pittoresques, Hachenburg, Herborn, Hadamar, Stadt Blankenberg et Mehren? Au fait: les villages du Westerwald arrivent souvent en tête de liste dans le concours annuel des plus beaux villages du pays. Vous êtes-vous déjà promenés le long du limes? Reconstruite en partie avec des murs, des fossés et des tours de guet, l'ancienne ligne de démarcation romaine est aujourd'hui devenue un long chemin de randonnées, très bien balisé. De nombreux musées racontent l'histoire, la culture et les activités économiques de la région. Citons le musée du Westerwald à Hachenburg, le musée régional installé dans la forteresse d'Ehrenbreitstein et celui de Neuwied, la «Villa Grün» à Dillenburg qui abrite le musée de l'Histoire économique de la région, le musée d'Archéologie de Monrepos, le musée des Mines de Herdorf et les musées de Höhr-Grenzhausen et Siershahn où l'on apprendra tout sur l'exploitation de l'argile et la fabrication de céramiques dans la contrée. Les visiteurs désireux «d'aller au fond des choses»

Museen wie das Landschaftsmuseum Westerwald in Hachenburg, das Keramikmuseum Westerwald in Höhr-Grenzhausen, das Tonbergbaumuseum in Siershahn, das Bergbaumuseum in Herdorf, das Wirtschaftsgeschichtliche Museum Villa Grün in Dillenburg, das Landesmuseum in der Festung Ehrenbreitstein, das Kreismuseum Neuwied, das Museum für die Archäologie des Eiszeitalters in Monrepos verschaffen grundlegende Eindrücke. „Tiefgründig" sind beispielsweise auch die Besucherbergwerke der Grube Bindweide bei Gebhardshain oder Grube Fortuna bei Oberbiel/Lahn.

Mannigfach sind die vielfältigen örtlichen Angebote für den eiligen Touristen wie den geruhsamen Urlauber: Töpfern im Kannenbäckerland, Surfen auf dem Wiesensee, Angeln, Reiten, Segelfliegen, geführte Wanderungen, Kuren in Bad Marienberg oder Bad Endbach, und… und… und. Im Winter erfreuen sich besonders im Hohen Westerwald etliche Wintersportorte mit Skiliften, idealen Abfahrten und Langlaufloipen großer Beliebtheit.

Westerwälder sind kontaktfreundig, gesellig und freundlich. Feiern Sie mit ihnen Fastnacht, Dorfkirmes oder eines der vielen örtlichen Feste! Besuchen Sie einen der traditionellen Märkte! Probieren Sie mit ihnen die heimischen Spezialitäten, etwa Eierkäs und Erbelskuchen, Wäller Kümmel und Korn, oder gar einen Rhein- oder Lahnwein!

Machen Sie es wie die Kölner Sängergruppe „Bläck Fööss", in deren Lied „Am Donnerstag ist Himmelfahrt" es heißt: „…Dann fahren wir ins Grüne, in den schönen Westerwald. Wo die Luft so frisch, wo die Luft gut riecht, wo die Bäche klar und kalt. Ja, am Donnerstag ist Himmelfahrt, da fahren wir in den Westerwald!" Stimmen Sie mit den Westerwäldern ein in ihr Lied vom schönen Westerwald, und rufen Sie mit ihnen ein kräftiges „Hui! Wäller? – Allemol!"

In the winter there are a whole range of popular winter sports resorts in the Upper Westerwald, with ski lifts, ideal downhill runs and cross-country skiing tracks.

The people of the Westerwald are easy to get along with, sociable and friendly. Try celebrating Fastnacht (shrovetide carnival), a village fair or one of the numerous local festivals with them. Pay a visit to one of the traditional markets. Try tasting with them the local specialities – or a glass of wine, from the Rhine or the Lahn.

Do what the Cologne music group, Bläck Fööss, do in their song "It's Ascension on Thursday": "Then we take a trip to the countryside, to the lovely Westerwald. Where the air is so fresh, where the air smells so good, where the streams are cool and clear. Yes, Thursday is Ascension, we're going to the Westerwald then". Join with the Westerwald people in their song about the beautiful Westerwald and shout out with them a jubilant "Hui! Wäller? – Allemol!", their characteristic welcoming call.

profiteront des visites guidées dans les mines de Bindweide près de Gebhardshain ou de Fortuna à Oberbiel/Lahn.

Qu'ils recherchent le repos ou des vacances actives, les estivants trouveront une grande diversité de loisirs: cours de poteries dans le Kannenbäckerland, surf sur le lac de Wiesensee, pêche, équitation, vol à voile, randonnées guidées, cures à Bad Marienberg et Bad Endbach, etc. En hiver, les stations du Haut-Westerwald sont très fréquentées. Elles offrent de bonnes pentes avec des téléskis pour les amateurs de ski alpin et de beaux circuits de ski de fond.

Les habitants du Westerwald aiment les contacts, sont conviviaux et accueillants. Fêtez le carnaval ou une de leurs nombreuses fêtes avec eux et allez vous divertir aux kermesses de villages. Allez également visiter un des marchés traditionnels! Goûtez les spécialités gastronomiques régionales accompagnées d'un vin du Rhin ou de la Lahn!

Imitez donc le groupe colonais, «Bläck Fööss», qui chante: «Jeudi, c'est l'Ascension, nous sommes de sortie. Partons à la campagne, dans le beau Westerwald. Où l'air est si frais, où l'air sent si bon, où les ruisseaux coulent, clairs et tonifiants. Jeudi, c'est l'Ascension, nous sommes de sortie dans le Westerwald.» Et entonnez en chœur avec les habitants du pays: «Hui! Wäller? – Allemol!». Ça veut dire: «Mais oui! Notre terroir! On l'aimera toujours!»

Das Herz des Westerwaldkreises schlägt in der 12 000 Einwohner zählenden, florierenden Kreisstadt Montabaur; in ihrer Mitte erhebt sich auf einem Basaltkegel das einst kurtrierische Schloss. Benannt nach dem „Mons Tabor" im Heiligen Land, entwickelte sich daraus der Stadtname Montabaur. Sehenswert ist die lebendige Altstadt. – Im noch an schmucken Fachwerkhäusern reichen kleinen Stadtteil Wirzenborn steht eine Marien-Wallfahrtskirche. Von hier aus erschließt sich aber auch das reizvolle Gelbachtal zur Lahn hin.

The flourishing, 12,000-strong District Town of Montabaur is the heart of the Westerwald District: in its midst, high up on a basalt cone, the castle formerly belonging to the principality of Trier. Named after Mons Tabor in the Holy Land, it was the origin of the name Montabaur. The lively old town is well worth a visit. – There is a pilgrimage church dedicated to the Virgin in the little suburb of Wirzenborn. From here, too, the charming Gelbach valley leads away to the Lahn.

Montabaur, dont le nom est dérivé du «Mons Tabor» en Terre Sainte se trouve au cœur du Westerwald. L'ancien château des princes électeurs de Trèves qui se dresse sur une croupe basaltique, domine la physionomie de la ville florissante qui compte 12 000 habitants. – Riche en belles maisons à colombages, le quartier de Wirzenborn abrite une église de pèlerinage et est le point de départ vers la jolie vallée du Gelbachtal qui mène à la Lahn.

Wer in die Kannenbäckerstadt Höhr-Grenzhausen kommt, wird auch das 1976 gegründete Keramikmuseum Westerwald besuchen. Zur vorrangigen Aufgabe hat es sich gestellt, die Geschichte der Westerwälder Keramik und ihre überregionale Ausstrahlung zu dokumentieren, darüber hinaus aber auch die zeitgenössische europäische Keramik sowie freikünstlerische, kunsthandwerkliche und vorbildliche Industriekeramik zu sammeln und zu repräsentieren.

If you go to Höhr-Grenzhausen, you must visit the ceramics museum founded in 1976. It set itself the goal of documenting the history of Westerwald ceramics and its far-reaching influence, but also of collecting and exhibiting contemporary European ceramics and fine examples of artistic, commercial and industrial work. On the left you can see grey-blue salt-glazed Westerwald earthenware from the period of historicism (19th century).

Fondé en 1976 à Höhr-Grenzhausen, localité du Kannenbäcker, le musée de la Céramique du Westerwald s'est donné pour objectif de raconter l'histoire de la céramique de la région qui a aujourd'hui une réputation nationale et celle de la céramique contemporaine en Europe ainsi que de collectionner et d'exposer le haut de la gamme de la céramique d'art, artisanale et industrielle. A gauche, nous voyons des pièces en grès gris-bleu, vernies au sel, datant du 19e siècle.

## Kannenbäckerland

Mächtige Tonvorkommen von hervorragender Qualität ließen im südwestlichen Westerwald das Kannenbäckerland entstehen. Rings um die Kannenbäckerstädte Höhr-Grenzhausen, Ransbach-Baumbach und Wirges wird in großflächigen Tagebau-Gruben der hellgraue Ton abgebaut, aus dem dann Industrie- wie Handwerksbetriebe eine riesige Auswahl an Tonprodukten formen und brennen. Zahlreiche Keramikbetriebe des Kannenbäckerlandes erlauben Gästen, bei der handwerklichen und künstlerischen Gestaltung ihrer Produkte zuzuschauen. Hier sehen wir einen Töpfer an der Drehscheibe und eine Keramikmalerin.

## Kannenbäckerland

Large deposits of high-quality clay were the start of the Kannenbäckerland (Pot-baker's land) in the southern Westerwald. The light grey clay is excavated in extensive opencast claypits all round the towns of Höhr-Grenzhausen, Ransbach-Baumbach and Wirges and is used by craftsmen and women and industrial plants to produce a huge range of pottery products. A lot of enterprises allow visitors to observe the crafting of their wares or artistic creations. Here you can see a potter at his wheel and a ceramics painter.

## Kannenbäckerland

Situé dans le sud-ouest du Westerwald, le territoire du Kannenbäckerland est riche en argile de très bonne qualité. Les glaisières aux alentours de Höhr-Grenzhausen, Ransbach-Baumbach et Wirges produisent l'argile gris-clair qui est traitée de multiples façons selon des méthodes industrielles ou artisanales. De nombreuses fabriques de céramiques ouvrent leurs portes au public qui peut assister à la fabrication des produits. Ici, nous voyons un potier travaillant à la roue et une coloriste sur céramique.

Während die zahlreichen Westerwälder Tongruben während der Abbauphase schon von ihrem Rande her interessante Einblicke in die Erdgeschichte und in moderne industrielle Abbaumethoden gewähren, geben sich die Betreiber große Mühe, ausgebeutete Bereiche zu rekultivieren und daraus abwechslungsreiche Biotope entstehen zu lassen; dies zeigt beispielhaft dieser ehemalige Tongrubenbereich bei Oberdreis, in dem ein artenreicher und auch für den Wanderer reizvoller Teich entstand.

The many Westerwald claypits offer interesting insights into both geology and modern methods of excavation while they are still being worked. But the owners are also at great pains to regenerate and recultivate pits that have been exhausted and create biotopes. The former claypit area near Oberdreis, where a pleasant pond with varied vegetation has been created, is a fine example of this process. Frogs and great crested grebe feel very much at home in the reeds.

Les glaisières sont des endroits captivants. Celles qui sont exploitées nous apprennent beaucoup sur la formation de la terre et les méthodes d'extraction modernes. Les exploitants s'ingénient souvent à transformer celles qui sont désaffectées en biotopes. Un exemple est l'ancienne glaisière d'Oberdreis, devenue un étang abritant une flore et une faune abondantes. Les randonneurs pourront y observer, entre autres, des grèbes huppés et un grand nombre de batraciens dans les roseaux.

▲ Haubentaucher

▼ Wasserfrosch

Im Herzen des Westerwaldes, dort wo die großen Westerwaldbäche Wied und Sayn ihre Quellgebiete haben, stauten die Wieder Grafen als Grundherren bis zum 17. Jahrhundert feuchte Wiesengründe auf und schufen somit die heute aus sieben großen Teichen bestehende „Westerwälder Seenplatte". Dreifelder Weiher (zum Teil), Haidenweiher und Wölferlinger Weiher stehen unter Naturschutz, Post- und Hausweiher, beiderseits der B 8 gelegen, bieten dem Erholungssuchenden mannigfache Freizeitmöglichkeiten.

In the heart of the Westerwald, near the source of the two big Westerwald streams, the Wied and the Sayn, the Counts of Wied, who were the landowners up to the 17th century, dammed up wetlands and thus created the Westerwald Lakes, consisting today of seven large ponds. The Dreifelder Weiher, Haidenwaiher and Wölferlinger Weihe are protected, the Postweiher and Hausweiher on either side of the B 8, however, also offer a range of recreational facilities, with a campsite, bathing areas, surfing and boating.

Au cœur du Westerwald, là où les grands ruisseaux Wied et Sayn prennent leurs sources, les comtes de Wied firent construire, jusqu'au 17e siècle, des retenues d'eau pour irriguer leurs prés et créèrent ainsi les sept grands plans d'eau qui constituent aujourd'hui le «territoire des lacs du Westerwald». Trois d'entre eux sont des aires protégées. Les plans d'eau Postweiher et Hausweiher, situés près de la route B8, ont été aménagés pour les loisirs. On y trouve des terrains de camping, des plages et on peut y louer des surfs et des bateaux.

Bis 1972 war das 5000 Einwohner zählende Städtchen Westerburg Kreisstadt des damals aufgelösten Oberwesterwaldkreises, heute ist es Sitz einer großen Verbandsgemeinde. Überragt wird Westerburg von seinem gleichnamigen Schloss der Grafen von Leiningen-Westerburg. Im Hang des Burgberges stehen die Häuser des Oberfleckens mit der Schlosskirche, einer sehenswerten Kirche aus den Anfängen des 16. Jahrhunderts, in der die Westerburger Grafen bestattet sind. Westerburg ist Ausgangspunkt für viele schöne Wanderungen in die Umgebung.

Up until 1972, the 5000-strong little town of Westerburg was the District Town of the then Upper Westerwald District; today it is the seat of local government for a large group of parishes. The castle of the Counts of Leiningen-Westerburg (buildings from the 12th to 18th century) towers up above the town. On the slope below the castle is the upper part of the town with the early 16th century Castle Church, well worth a visit. The Counts of Westerburg are buried there. Westerburg is a centre for many beautiful walks in the surrounding area.

Westerburg, ville de 5000 habitants, était le chef-lieu de l'arrondissement du Haut-Westerwald, dissout en 1972. Située à 350 mètres d'altitude, la localité pittoresque est dominée par le château des comtes de Leiningen-Westerburg (construit entre les 12e et 18e siècles). Les maisons du vieux quartier s'accrochent sur la pente d'un coteau près de l'église du château datant du début du 16e siècle. Elle renferme les tombeaux des comtes de Westerburg. La ville est le point de départ de belles excursions dans les environs.

Das Foto zeigt die Volkstanzgruppe Westerburg, die bei Veranstaltungen im Westerburger Raum und in der Region in ihrer Westerwälder Tracht immer wieder interessierte Zuschauer findet. Volkstanzgruppen, Trachtengruppen und historische Spinnstuben, die in der herkömmlichen Tracht des Westerwaldes auftreten, gibt es insbesondere innerhalb des Westerwald-Vereins, der auch als kompetenter Heimatverein viel dazu beigetragen hat, dass Trachten bei fast allen Volksfesten im Westerwald getragen werden.

This photo was taken during one of the Westerburg folkdance group's rehearsals. In their Westerwald costumes, they are the centre of attention at many an event in the Westerburg area and further afield, too. Folkdance groups, groups in traditional costume, and groups who recreate the old historic spinning rooms are gathered together under the umbrella of the "Westerwald Verein". This is a competent and very active organization and has done a lot to encourage the wearing of traditional dress at local festivals all over the Westerwald.

La photographie a été prise durant une répétition du groupe de danses folkloriques de Westerburg qui jouit d'une solide réputation dans la région. Le Westerwald possède de nombreuses associations folkloriques et historiques dont la vocation est de conserver les traditions anciennes. La plupart font partie du «Westerwald Verein» qui est très active dans la région et a en outre fait renaître les costumes folkloriques dans les fêtes locales.

Unweit des von Erholungssuchenden gern besuchten Wiesensees liegt am Rande der Basalthochfläche des Westerwaldes das Dorf Winnen. Und wer von dort nach Gemünden hinabfährt, genießt eine herrliche Aussicht. Unten liegt Gemünden mit seiner beeindruckenden romanischen Stiftskirche, von links mündet die romantische Holzbachschlucht ein, gegenüber erhebt sich der Basaltrücken des Dornburgplateaus mit dem Watzenhahn, in seinem Nordhang Wilsenroth, nach links schweift der Blick ins weite Limburger Becken bis hinüber in den Taunus.

Not far from the Wiesensee, a popular recreation area, is the village of Winnen, situated on the edge of the Westerwald basalt uplands. There is a splendid view as you drive down to Gemünden, which lies down below with its Romanesque collegiate church. The romantic Holzbach gorge leads off to the left; the basalt ridge of the Dornburg plateau with the Watzenhahn rises up opposite. On its northern slope is Wilsenroth, and to the left the eye ranges far out over the Limburg basin to the Taunus beyond.

A proximité du lac très fréquenté de Wiesensee, le petit village de Winnen se niche au bord du plateau basaltique du Westerwald. La route qui descend vers Gemünden offre un panorama magnifique. Gemünden s'étend en bas, dominée par sa belle église romane; le ravin sauvage du Holzbach s'ouvre en face de la crête basaltique du plateau Dornburg avec Wilsenroth accroché à son versant nord. Sur la gauche, le regard embrasse la cuvette de Limburg qui s'étend jusqu'au Taunus.

## BILKHEIM, Schloss Neuroth

Dort wo in einer Einkerbung des Basaltplateaus der Salzbach seinen Lauf beginnt, liegt recht romantisch, von alten Bäumen umstanden, inmitten eines Teiches das Wasserschlösschen Neuroth. Erbaut 1664, war der fast quadratische Bau, die eine Hälfte turmartig auf vier Stockwerke erhöht, einst Witwensitz der Grafen von Walderdorff, deren barockes Schloss sich auf einem Bergsporn des nahen Molsberg erhebt. Besuchenswert ist auch die romanische Pfeilerbasilika St. Adelphus im nahen Salz.

## BILKHEIM, Neuroth Castle

At the source of the Salzbach, in a fold of the basalt plateau, is the romantic little moated castle of Neuroth, surrounded by old trees, in the midst of a pond. The almost square building was erected in 1664, with one half rising to four storeys, like a tower. It was once the dowerhouse of the Counts of Walderdorff, whose baroque castle rises up on a spur of rock on the nearby Molsberg. The Romanesque basilica of St. Adelphus in nearby Salz is well worth a visit, too.

## BILKHEIM, Château de Neuroth

Entouré d'eau et d'arbres centenaires, le petit château de Neuroth se niche dans une entaille du plateau de basalte, près de la source du Salzbach. Construit en 1664, l'édifice de forme presque carrée, dont la moitié est une tour de quatre étages, était la résidence des veuves des comtes de Walderdorff. Leur château baroque se dresse à proximité, sur un éperon rocheux du massif Molsberg. A voir également dans le voisinage: la basilique romane Saint Adelphus à Salz.

„Schmanddippe", gleich Rahmtopf, nennen die Westerwälder recht respektlos den Bergfried der ehemaligen Burg Hartenfels über dem gleichnamigen Dorf. In der Tat hat der Turm Ähnlichkeit mit einem im Westerwald einst üblichen hölzernen Fass, in dem Rahm zu Butter geschlagen wurde. Die längst verfallene kurtrierische Burg sicherte früher den wichtigen Handelsverkehr auf der nahe vorbeiführenden „Hohen Straße" von Köln nach Frankfurt, die heute, nach dem Bau der Autobahn, ein eher bescheidenes (Verkehrs-)Leben führt.

"Schmanddippe" (cream pot) is what the Westerwald people rather disrespectfully call the keep of the former Hartenfels Castle above the village of the same name. The tower does indeed have some similarity with a common wooden tub in which cream used to be turned into butter. The now ruined castle belonged to the electorate of Trier and protected trade on the then important nearby "High Road" from Cologne to Frankfurt. Today, after the construction of the autobahn, the old route leads a rather quiet life.

«Pot de crème» est le sobriquet dont les habitants du Westerwald qualifient le donjon de l'ancien château ducal d'Hartenfels qui domine le village du même nom. C'est vrai que la tour ressemble au tonneau en bois dans lequel les paysans battaient autrefois le beurre. La forteresse en ruines depuis longtemps protégeait la route de commerce, importante au moyen-âge, qui menait de Cologne à Francfort. Elle est aujourd'hui très peu fréquentée depuis la construction de l'autoroute.

Landschaft, Kultur und Geschichte des Westerwaldes präsentiert vorbildlich das bedeutende Landschaftsmuseum Westerwald zu Hachenburg. Gegründet 1976 auf Initiative des Westerwald-Vereins in dem im Burggarten gelegenen barocken Jagdzeughaus der Grafen von Sayn-Hachenburg, wurde es in den letzten Jahrzehnten vom Westerwaldkreis stetig erweitert und ausgebaut. Heute umfasst es neben dem Jagdzeughaus noch sechs weitere nach hier umgesetzte historische Gebäude.

The Westerwald Countryside Museum in Hachenburg is a major local museum devoted to the countryside, culture and history of the region. It was founded in 1976, at the Westerwald Association's instigation, in the baroque hunting outbuilding of the Counts of Sayn-Hachenburg in the castle gardens. During the intervening decades it has been continuously expanded. Today it incorporates six other historical buildings as well that have been moved here from their original sites.

Au musée régional du Westerwald à Hachenburg, on apprendra tout sur la géographie, la culture et l'histoire du Westerwald. Fondé en 1976, cet admirable musée a d'abord occupé le pavillon de chasse baroque des comtes de Sayn-Hachenburg dans le parc du château, avant d'être continuellement agrandi au cours des dernières décennies. Outre le pavillon, il comprend aujourd'hui six autres édifices historiques reconstitués sur place: un ancien moulin, une maison du Westerwald, un moulin à huile, une grange, un four à pain et une petite école de village.

Mittelpunkt der 5000 Einwohner zählenden Stadt Hachenburg ist ihr „Alter Markt", dessen Schauseite uns hier entgegenblickt: Mitten in der Häuserzeile die katholische Pfarrkirche Mariä Himmelfahrt. Schlanke Pilaster gliedern die Front mit ihren Volutengiebeln. Rechts daneben das Haus „Zur Krone", ein Renaissancebau mit Rollwerkgiebeln und dreiseitigem Erker. Rechts davon, auf dem Foto nicht mehr sichtbar, steht die evangelische Schlosskirche. Darüber erhebt sich der gewaltige Komplex des Schlosses, in dem heute die Bundesbank eine Fachhochschule betreibt.

The focal point of the town of Hachenburg (population 5000), is its Old Marketplace; the best side, with the Assumption of the Virgin parish church in the middle, is facing the camera. The facade with its voluted gables is structured with slender pilasters. The building to its right, Zur Krone, a renaissance building with scrollwork gables and triangular oriel. To the right of that, off the picture, is the protestant Castle Church. Above it the massive castle complex rises up; today it houses a college run by the Bundesbank.

Le Vieux-Marché forme le cœur de Hachenburg, une agréable petite station climatique de 5000 habitants. Sur la photo, on distingue l'église de l'Assomption dont la façade est ornée d'élégantes colonnades. A droite, la maison „Zur Krone", est un magnifique édifice Renaissance à pignons et encorbellements. Il avoisine l'église du château (qui n'est plus sur la photo), réservée au culte protestant. Au-dessus, s'élève l'imposant château qui abrite aujourd'hui une école de la Bundesbank (Banque d'Allemagne).

Als im vergangenen Jahrhundert die Romantik auflebte, gab man der reichgegliederten, abwechslungsreichen Tallandschaft nördlich von Hachenburg in Anlehnung an die Schweizer Berglandschaft den Namen „Kroppacher Schweiz". Stille Talgründe und kleine Weiler, mit Niederwald bestandene Talhänge, gute Wanderwege mit schönen Aussichtspunkten prägen das Bild dieser Landschaft im Einzugsbereich der mittleren Talläufe von Großer und Kleiner Nister nördlich des Raumes Hachenburg-Altenkirchen.

When romanticism flourished in the last century, the vale north of Hachenburg with its richly varied scenery was given the name "Kroppacher Schweiz" (Kroppach's Switzerland) in imitation of Swiss mountain scenery. Peaceful valley floors and small villages, slopes covered with brushwood and copses, good hiking trails with beautiful vantage points characterise the scenery here, north of the Hachenburg-Altenkirchen area where the Greater and Lesser Nister flow. The photo shows the view eastwards over the little village of Burbach.

C'est lors de l'essor du Romantisme au siècle dernier, que les vallées de la grande et de la petite Nister, au nord du territoire de Hachenburg- Altenkirchen, ont été baptisées «Suisse de Kroppach», à cause de leur ressemblance avec les paysages suisses. Sur de bons chemins de randonnées offrant de superbes points de vues, le visiteur découvrira des vals paisibles aux versants boisés au fond desquels se cachent de modestes hameaux. Sur la photo: la vallée vers l'est avec le village de Burbach.

Unterhalb der Abtei Marienstatt überspannt diese im Kern noch mittelalterliche, in ihrer heutigen Form aus dem Jahre 1721 stammende Bogenbrücke den Lauf der Großen Nister. Bis vor etwa 20 Jahren bildete sie den Hauptzugang zur Zisterzienserabtei. Heute überschreiten sie nur noch Fußgänger auf dem Weg vom Besucherparkplatz zum Kloster. Nur wenige Meter nördlich befinden sich auf einem Umlaufberg der Nister die Reste der bereits im 14. Jahrhundert geschleiften Burg Froneck.

Below Marienstatt Abbey this arched bridge spans the Greater Nister. In its origins medieval, the bridge dates back to 1721 in its present form. Up until about 20 years ago it formed the main entrance to the Cistercian abbey. Today it is only used by pedestrians on their way from the visitors' car park to the abbey. A few metres further on to the north, on a hill circled by the river, are the remains of Froneck Castle, razed as long ago as the 14th century.

Le pont, construit au moyen-âge et remanié en 1721, franchit la grande Nister au-dessous de l'abbaye de Marienstatt. Il y a encore vingt ans, ce pont constituait l'entrée principale de l'abbaye cistercienne. Aujourd'hui, il n'est plus qu'un passage piétonnier entre le parking et l'édifice. Tout près, les vestiges du château Froneck, rasé au 14e siècle, s'élèvent à un méandre de la rivière.

Nordwestlich Hachenburg liegt im Tal der Nister die berühmte Zisterzienserabtei Marienstatt, zu der heute auch ein Humanistisches Gymnasium gehört. Bereits 1243 waren der ostwärts gerichtete frühgotische Chor mit seinen sieben Strebepfeilern und das Querhaus vollendet. Nach Norden schließt sich das Klostergebäude an. – Nördlich von Bad Marienberg dehnt sich als Teil des Hohen Westerwaldes das gut 10 $km^2$ große, nach seinem Zentralort benannte Neunkhauser Plateau aus, eine Fastebene aus Deckenbasalt mit einer Durchschnittshöhe von etwa 470 m.

Northwest of Hachenburg in the Nister valley is the famous Cistercian abbey of Marienstatt, which also now houses a classical grammar school. The eastward facing chancel with its seven pier buttresses and the transept were completed as early as 1243. To the north are the monastery buildings. – The Neunkhauser Plateau, named after the main village, extends north of Bad Marienberg as part of the Upper Westerwald. The plateau, made of basaltic layers, has an area of 10 sq km and an average altitude of 470 metres.

La célèbre abbaye cistercienne de Marienstatt est située dans la vallée de la Nister, au nord-ouest de Hachenburg. On y trouve aujourd'hui un lycée classique. Le chœur gothique construit vers l'est avec sept arcs-boutants et le transept ont été achevés en 1243. Les autres édifices de l'abbaye sont bâtis vers le nord. – Nommé d'après sa localité principale, le plateau basaltique de Neunkhausen s'étend au nord de Bad Marienberg. Il a une superficie de 10 $km^2$, une hauteur moyenne de 470 mètres et fait partie du Haut Westerwald.

Charakteristisch insbesondere für weite Teile der Westerwälder Basalthochfläche sind große Viehweiden, auf denen früher der dörfliche Gemeindehirte das gesamte Vieh der Dorfgemeinschaft hütete. Die wenigen landwirtschaftlichen Großbetriebe, die heute meist große Rindviehherden halten, verfügen über großflächiges Weideland. Die Viehweiden besitzen nicht nur an ihren Säumen charakteristische Pflanzen- und Tiergesellschaften, für die hier exemplarisch Trollblume, Kiebitz, Große Heuschrecke und Feldhase stehen.

Especially characteristic of large parts of the Westerwald basalt uplands are the extensive cattle pastures where, in former times, the village cow-herd minded the cattle of everyone in the village. The few big farms that exist today usually have big herds of cattle and extensive pastureland. The region's characteristic flora and fauna is to be found not just on the edge of these cattle pastures. Some typical exponents are the globeflower, peewit, greater grasshopper and the common hare.

Un paysage typique des plateaux basaltiques du Westerwald sont les vastes pâturages sur lesquels le berger du village gardait autrefois le bétail de tous les paysans de la commune. Aujourd'hui, les prairies immenses appartiennent à un petit nombre d'exploitations agricoles qui possèdent de grands troupeaux. Une faune et une flore caractéristique à la région vivent sur ces étendues herbeuses; citons entre autres les renoncules, les vanneaux, les sauterelles et les lièvres des champs.

▲ Trollblume

▼ Große Heuschrecke

▲ Kibitz

▼ Feldhase

Unweit Nistertal, südwestlich von Bad Marienberg, überspannt als ein markantes Baudenkmal eine Eisenbahnbrücke das Tal der Nister. Als sie im Jahre 1911 für die Eisenbahnstrecke Erbach (Nister)–Bad Marienberg errichtet wurde, galt die 300 m lange und bis zu 31 m hohe, damals größte Betonbrücke Deutschlands als ein technisches Wunder, dem Ingenieure von weither einen Besuch abstatteten. Längst ist die Strecke stillgelegt, doch die Brücke bleibt erhalten.

Not far from Nistertal, southwest of Bad Marienberg, a prominent architectural monument spans the river valley. When the bridge was built in 1911 on the Erbach (Nister) – Bad Marienberg line, it was the largest concrete bridge in Germany and regarded as a technical miracle. Engineers came from far and wide to visit it. The line has long since been closed down, but the bridge has been preserved.

Au sud-ouest de Bad Marienberg, un pont de chemin de fer impressionnant franchit la vallée de la Nister. Quand il a été construit en 1911, ce pont de 300 mètres de long et 31 mètres de hauteur, était la plus grande œuvre en béton d'Allemagne et considéré comme une véritable innovation technique que des architectes du pays entier venaient visiter. La ligne de chemin de fer Erbach-Marienberg n'est plus en service depuis longtemps, mais le pont est resté une curiosité.

Von West nach Ost schauen wir aus der Vogelperspektive auf das gut 6000 Einwohner zählende und rund 500 m hoch gelegene Bad Marienberg. 1251 erstmals urkundlich erwähnt, begann sich der Ort erst im 18./19. Jahrhundert zu entwickeln. 1936 wurde er Höhenluftkurort, 1961 Kneippkurort und seit 1967 darf er sich „Bad" nennen. 1939 erhielt er Stadtrechte. Von der einst wichtigen Basaltindustrie zeugt im Vordergrund des Bildes ein Steinbruch, heute als zu besichtigendes Freilichtmuseum „Basaltpark" Teil des Landschaftsmuseums Westerwald.

This photo affords us a bird's eye view, from west to east, over Bad Marienberg (population 6000 plus, altitude 500m). First mentioned in 1251, the place only began to develop in the 18th-19th century. In 1936 it became a high-altitude health resort, in 1961 a Kneipp resort, and since 1967 it has been able to call itself "Bad" (spa). In 1939 it was granted the status of a town. A disused quarry in the foreground is evidence of the once important basalt mining industry. Today, as the "Basaltpark" open-air museum it is part of the Westerwald Countryside Museum.

La vue aérienne montre Bad Marienberg, ville d'eau de 6000 habitants, située à 500 mètres d'altitude. Mentionnée pour la première fois dans un document de 1251, la localité s'est seulement développée aux 18e/19e siècles comme siège administratif des Nassau. Elle est devenue station climatique en 1936, centre de cure Kneipp en 1961 et a eu le droit d'ajouter «Bad» (Bains) à son nom en 1967. Au premier plan, une carrière désaffectée, qui peut être visitée aujourd'hui, témoigne de l'ancienne industrie du basalte.

Nur unwesentlich erhebt sich die flache Bergkuppe der Fuchskaute über die übrige Basalthochfläche des Hohen Westerwaldes hinaus. Und dennoch ist dies mit 657 m der höchste Punkt dieser Landschaft, hart an der Landesgrenze zu Hessen. Nördlich eines Ausflugslokals dehnt sich ein 35 ha großes Naturschutzgebiet aus. Typisch die auf unserem Foto ersichtlichen einzelnstehenden Fichten, aber auch Wacholderheide, mit zahlreichen seltenen Pflanzen, zudem Lebensraum verschiedener gefährdeter Vogel- und Amphibienarten.

The flat summit of the Fuchskaute rises only unappreciably above the rest of the basalt plateau of the Upper Westerwald. But this is in fact the highest point of the region, 657 m up, close to the border with Hesse. A c. 35 hectare large nature reserve extends to the north of a visitors' restaurant. The single firs on the photo are very typical, as is the juniper heathland, with a large number of rare plants; it is also a habitat for various endangered species of birds and amphibians. Visitors can walk through the area on marked trails.

Situé près de la frontière de la Hesse, le sommet de la Fuchskaute ne s'élève guère au-dessus des autres plateaux de basalte du Haut Westerwald. Haut de 657 mètres, il est pourtant le point culminant de la contrée. Les randonnées le long de chemins balisés dans le parc naturel de 35 hectares commencent au nord d'une auberge-étape. Les pins, les genévriers et de nombreuses plantes rares constituent le paysage. Le parc abrite également diverses espèces menacées d'oiseaux et d'animaux aquatiques.

Wer die typische Hochflächenlandschaft des Hohen Westerwaldes kennenlernen will, der wandere im Gebiet des Ketzersteins (612 m); ein kleiner, aber markanter Basaltklotz, den die Sage als Opferaltar heidnischer Ketzer deutet, gleichwohl sich der Name nach dem nahen, ausgegangenen Dorf Katzhausen herleitet. Der leichte Aufstieg wird von einer schönen Aussicht in den Hohen Westerwald hinein und nordwärts zum Siegerland belohnt. Interessant ist hier eine Ablenkung der Kompassnadel.

If you want to get to know the typical upland scenery of the Upper Westerwald, go hiking in the Ketzerstein area. The Ketzerstein (Heretic's Stone, 621m) is a small but prominent lump of basalt, a sacrificial heathen altar according to legend, though the name is derived from the nearby village of Katzhausen. As a reward after the (easy) ascent, there is a fine view of the Upper Westerwald and north to the Siegerland. A compass needle deflection here is worth noting.

La région du Ketzerstein (612 m) est un endroit idéal pour découvrir les paysages typiques du Haut Westerwald. Selon la légende, cette petite croupe basaltique aurait été un autel de sacrifices des hérétiques païens qui lui auraient donné son nom bien qu'en réalité le nom dérive du village proche de Katzhausen. Après une montée facile, on découvre une vue magnifique sur le Haut Westerwald et sur le Siegerland en direction du nord. Intéressant est la déviation que l'aiguille de la boussole montre ici.

Über die Landesgrenze von Rheinland-Pfalz und Hessen hinweg erstreckt sich im Hohen Westerwald mit einer Höhe von 523 m die 93 ha große, in den ersten Nachkriegsjahren angelegte Krombachtalsperre. Ein Teil ist heute Vogelschutzgebiet, ein Großteil aber auch Freizeitgelände mit Campingplatz. – Wer die B 255 Montabaur-Herborn befährt, kommt durch Rehe und sieht diesen stolzen zweistöckigen Fachwerkbau aus dem Jahre 1717, einst Rathaus, Schule und Betsaal in einem.

The Krombach reservoir, 523 m up and with an area of 93 hectares, extends over the borders into Hesse and the Rhineland-Palatinate. It was constructed in the years following the last war. Part of it is a bird sanctuary, but a large part is a recreation area and campsite. Bathing and surfing are possible; sailing and rowing boats can be hired. – If you take the B 255 from Montabaur to Herborn, you pass through Rehe with this fine two-storey half-timbered building dating back to 1717, once the town hall, a school and prayer room all in one.

Construit après la guerre, le barrage de Krombachtal s'étend dans le Haut Westerwald, dans la Rhénanie-Palatinat et la Hesse. Situé à 523 m d'altitude, le territoire de 93 hectares est en partie une réserve d'oiseaux protégée, mais surtout un vaste parc de loisirs où l'on peut se baigner, surfer et louer des bateaux à voile ou à rames. – La route B 255 qui conduit de Montabaur à Herborn, traverse Rehe où se dresse ce noble édifice à colombages, construit en 1717, qui abritait autrefois l'hôtel de ville, l'école et la salle des prières.

Die 5000 Einwohner zählende Kreisstadt Altenkirchen im flachen Tal der mittleren Wied weist nach starken Kriegszerstörungen leider nur noch wenige historische Gebäude auf. In nordwestliche Richtung schauen wir über die Stadt hinweg, deren Mitte von der evangelischen und der katholischen Pfarrkirche geprägt werden. – Nördlich Altenkirchen liegt in dem zur Sieg hinführenden Tal des Seelbachs das ehemalige Franziskanerkloster Marienthal, ein bereits im 15. Jahrhundert entstandener Wallfahrtsort.

The 5000-strong District Town of Altenkirchen in the Wied valley still has little to show in the way of historic buildings after being considerably damaged in the war. The photo looks northwest over the town; the chief landmarks in the town centre are the Protestant and Catholic parish churches. – North of Altenkirchen is the former Franciscan monastery of Marienthal, a place of pilgrimage that grew up as early as the 15th century, today an adult education centre of the diocese of Cologne, too, and a popular destination for day-trippers.

Ville de 5000 habitants, Altenkirchen qui s'étend dans la vallée moyenne de la Wied, a été dévastée durant la dernière guerre et ne possède presque plus d'édifices historiques. Son centre est dominé par les églises protestante et catholique. – Au nord d'Altenkirchen, l'ancien monastère franciscain de Marienthal se dresse dans la vallée du Seelbach qui mène à la Sieg. Lieu de pèlerinage au 15e siècle, il abrite aujourd'hui un collège populaire appartenant à l'archevêché de Cologne et est un but d'excursion très prisé.

## BIRNBACH MEHREN

Auf der Wasserscheide zwischen Sieg und Wied liegt unweit der B 8 das Dorf Birnbach, bekannt durch seine romanische Pfeilerbasilika aus dem 12./13. Jahrhundert. Die kleine Fachwerkvorhalle stammt aus dem Jahre 1687. – Bekannt durch seine vielen schönen Fachwerkhäuser ist das Dorf Mehren im oberen Mehrbachtal westlich von Altenkirchen. Ein prachtvolles spätgotisches Fachwerkhaus ist die alte Schule (unser Bild). Auch die dreischiffige Pfeilerbasilika besitzt einen Fachwerkchor.

## BIRNBACH MEHREN

On the Sieg/Wied watershed and not far from the B 8 is the village of Birnbach, known for its Romanesque basilica dating from the 12th-13th century. The little half-timbered ante church dates from the year 1687. – The village of Mehren in the upper Mehrbach valley west of Altenkirchen is well-known for its many fine half-timbered houses. The old school (our photo) is a magnificent, Late-Gothic half-timbered building. The threeaisled basilica contains a half-timbered chancel, too.

## BIRNBACH MEHREN

A proximité de la route B 8, Birnbach s'étend sur la ligne de partage des eaux de la Sieg et de la Wied. Le village est très connu pour sa basilique romane des 12e et 13e siècles. Le petit porche à pans de bois date de 1687. – Situé à l'ouest d'Altenkirchen dans la vallée supérieure du Mehrbach, Mehren abrite de nombreuses maisons à colombages. L'ancienne école (sur l'image) est un somptueux édifice à pans de bois de style gothique tardif. La basilique à trois nefs possède également un chœur à pans de bois.

Westlich von Altenkirchen liegt Flammersfeld, Sitz einer Verbandsgemeinde. Hier können wir, jedenfalls von außen, das Haus betrachten, in dem im Jahre 1849 Friedrich Wilhelm Raiffeisen seinen „Hülfsverein für unbemittelte Landwirte" gründete und damit die Grundlage für das nach ihm benannte landwirtschaftliche Genossenschaftswesen legte. Die alte Straßenverbindung Neuwied-Flammersfeld-Weyerbusch-Hamm, an der die Wirkungsstätten Raiffeisens liegen, ist heute als „Raiffeisenstraße" ausgeschildert.

West of Altenkirchen is Flammersfeld, the centre of a group of parishes. Here you can view, at least from the outside, the building where, in 1849, Friedrich Wilhelm Raiffeisen founded his "Cooperative for farmers of low means" and with it the basis for the system of agricultural cooperatives named after him. The old Neuwied-Flammersfeld-Weyerbusch-Hamm road, which passes through the area where Raiffeisen was active, is today signposted the "Raiffeisen Road".

Située à l'ouest d'Altenkirchen, Flammersfeld abrite la maison (fermée au public) dans laquelle Friedrich Wilhelm Raiffeisen a fondé son «Association d'aide aux paysans démunis» en 1849 et qui allait devenir la banque de Coopérative agricole nommée d'après lui. L'ancienne route Neuwied-Flammersfeld-Weyerbusch-Hamm, appelée «Raiffeisenstrasse» aujourd'hui, traverse la région où Raiffeisen a commencé ses activités.

Nur wenig abseits des Wiedtals liegt ein wenig versteckt im unteren Mehrbachtal das Kreuzherrenkloster Ehrenstein, auch heute noch eine stille Idylle zur besinnlichen Einkehr bei den Kreuzherrenpatres in ihrem spätgotischen, aber von Grund auf restauriertem Klostergebäude. Rechts die kleine spätgotische Dreifaltigkeitskirche aus den Jahren 1477/86. Beachtenswert sind die figürlich gemalten Glasfenster im Schiff und im Chor, aber auch das Schnitzwerk des Gestühls und die Vedutenmalereien. Wenige Schritte oberhalb steht die Burgruine Ehrenstein.

Just off the Wied valley lies the Knights' of the Cross monastery of Ehrenstein, somewhat hidden away in the lower Mehrbach valley. Today it remains a peaceful, idyllic place of contemplation and meditation with the monks in their Late-Gothic, but fully restored monastery buildings. On the right is the Church of the Holy Trinity dating from 1477-86. Of note are the stained-glass windows in the nave and chancel, but also the carving in the stalls and the veduta painting. A little further up are the ruins of Ehrenstein Castle.

Le cloître des Kreuzherren se cache dans la vallée basse du Mehrbach, tout près de la vallée de la Wied. C'est un endroit empreint de paix où les chanoines de la Sainte-Croix vivent dans le recueillement à l'intérieur des bâtiments de style gothique tardif qui ont été entièrement restaurés. A droite, la petite église gothique a été construite entre 1477 et 1486. A voir sont les beaux vitraux peints de la nef et du chœur, les sculptures des stalles et les peintures figuratives. Les ruines du château d'Ehrenstein se dressent à proximité.

## REICHENSTEIN, Burgruine

Über dem Holzbachtal, einem großen Nebental des Wiedtals, erhebt sich etwas versteckt die Ruine Reichenstein. Sie war im 14. Jahrhundert errichtet worden und vom Erzstift Köln, dann von den Grafen zu Wied den Herren von Neuerburg als Lehen übergeben worden, die sich dann auch Herren von Reichenstein nannten. Heute ist sie in Privatbesitz. Erhalten sind Teile des außen fünfseitigen Bergfrieds und eines Rundturms. Nicht weit ist es von hier nach Dierdorf, einem ehemaligen Residenzstädtchen.

## REICHENSTEIN, Ruins of the Castle

The ruins of Reichenstein rise up, somewhat hidden, above the Holzbach valley, a large side valley of the Wied valley. The castle was built in the 14th century and then given in fief, first by the archbishopric of Cologne, then by the Counts of Wied to the lords of Neuerburg, who thereafter called themselves the lords of Reichenstein, too. Today it is privately owned. Parts of the pentagonal keep and a round tower have been preserved. It is not far from here to Dierdorf, a former court seat.

## REICHENSTEIN, Vestiges du Château

Les vestiges du château de Reichenstein se dressent, à demi-cachés, dans la vallée du Holzbach qui se jette dans la Wied. Erigé au 14e siècle, il a appartenu à l'archevêché de Cologne, puis aux comtes de Wied qui l'ont donné en gage aux seigneurs de Neuerburg qui se nommaient également les seigneurs de Reichenstein. Il est aujourd'hui une propriété privée. Des parties de son donjon pentagonal et une tour ronde sont conservées. Dierdorf, une ancienne petite ville de résidence princière, est située à proximité.

An der Einmündung von vier kleineren Westerwaldbächen in die Sayn liegt das altertümlich anmutende Dörfchen Isenburg. Die gleichnamige Burgruine war einst Sitz des mächtigen Geschlechts derer von Isenburg. Der Ortsname leitet sich von „Eisenburg" ab. Die Eisenvorkommen gaben früher vielen Nagelschmieden Arbeit.

The ancient looking little village of Isenburg lies at the confluence of four little Westerwald streams. The ruined castle of the same name was once the seat of the powerful von Isenburg dynasty. The place name is derived from "Eisenburg" (iron castle). The iron deposits once provided a source of livelihood for nailsmiths.

Le village pittoresque d'Isenburg se niche à la jonction de quatre ruisseaux du Westerwald et de la Sayn. Le château en ruine était la résidence des puissants comtes d'Isenburg. Le nom de la localité est dérivé de «Eisenburg» qui signifie «Château de fer» et rappelle les nombreuses mines de fer de la région.

## GRUBE GEORG, Förderturm / GEORG MINE, Pithead tower / MINE GEORG, Chevalement

Wer die Autobahn Frankfurt - Köln befährt, dem fällt dieses Motiv sofort in die Augen: Als letzter Förderturm des einst bedeutenden Erzbergbaus im Westerwald-Sieg-Raum grüßt der 55 m hohe Förderturm der ehemaligen Grube Georg die Reisenden. Hier förderten rund 500 Bergleute in einer Tiefe bis 850 m täglich rund 700 Tonnen Spateisenstein. Mit 390 m erreicht die Autobahn hier ihren höchsten Punkt im Westerwald.

If you drive along the Frankfurt – Cologne autobahn, you can't miss this sight: the 55-metre-high pithead tower of the former Georg mine, the last pithead tower of the once thriving Westerwald-Sieg ore-mining area. About 500 miners produced about 700 tons of siderite a day, working at a depth of up to 850 m. This is where the autobahn reaches its highest point in the Westerwald, at 390 metres.

Si l'on emprunte l'autoroute Francfort-Cologne, on remarquera une relique de l'exploitation minière autrefois très importante dans la région du Westerwald-Sieg: le dernier chevalement de la région, haut de 55 m, se dresse sur l'ancienne mine Georg. 500 mineurs y extrayaient 700 tonnes de sidérite par jour à 850 mètres de profondeur. Ici, l'autoroute atteint son altitude maximum dans le Westerwald (390 m).

Die Autobahn Köln–Frankfurt (A3) nutzt auf weiten Strecken die Höhenlagen und Wasserscheiden des Westerwaldes, um ihn ohne große Höhenunterschiede durchschneiden zu können. Einmal muss sie jedoch ein mächtiges Tal queren, das der mittleren Wied bei Neustadt. In den Jahren 1939, und nach ihrer Sprengung 1945 erneut 1954, war in bis zu 52 m Höhe eine 424 m lange, quaderverkleidete Bogenbrücke errichtet worden. Ihr gesellte sich 1974, als die Autobahn auf je drei Spuren erweitert wurde, talseits eine moderne Betonbrücke parallel dazu.

The A3 autobahn Cologne - Frankfurt follows the heights and watersheds of the Westerwald for long stretches in order to traverse the Westerwald without too many ups and downs. Once, however, it has to cross a large valley, that of the Wied near Neustadt. An arched bridge was constructed in 1939, then again in 1954 after being blown up in 1945. It is up to 52 metres high and 424 metres long. In 1974 when the autobahn was widened to three lanes, a new modern concrete bridge was added that runs parallel to the old one just downhill from it.

Pour traverser le Westerwald sans trop de différences d'altitude, l'autoroute Cologne-Francfort suit les lignes de démarcation d'eau et les nivellements de la région. Néanmoins, il lui faut franchir la large vallée de la Wied près de Neustadt. Erigé en 1939, le pont en pierre a été miné en 1945 puis reconstruit en 1954. Il a 424 mètres de long tandis que sa hauteur atteint 52 mètres. En 1974, on lui a ajouté un pont en béton moderne (invisible sur la photo) lorsque l'autoroute a été élargie de deux voies.

Wer von Altenkirchen auf der B 8, der alten Handelsstraße Frankfurt-Köln aus rheinwärts fährt, erreicht jenseits der rheinland-pfälzischen Landesgrenze in Nordrhein-Westfalen den Hennefer Stadtteil Uckerath, bis 1945 sogar Sitz des gleichnamigen Kreises. Hier zwischen dem nördlichen Kreis Neuwied und dem Siegtal dehnen sich die Uckerather Hochflächen aus, Teil der sich zur Hennef-Siegburger Bucht absenkenden Niederwesterwälder Hochmulde. Über den Ort erhebt sich der Turm der neuromanischen katholischen Pfarrkiche St. Johannes der Täufer.

If you travel the B 8, the old Frankfurt-Cologne trading route, from Altenkirchen westwards, after you've crossed the border from the Rhineland Palatinate into Northrhine Westphalia you come to Uckerath, a suburb of Hennef. Here, between the northern part of the Neuwied District and the Sieg valley, is an area called the Uckerath uplands, part of the Lower Westerwald upland basin that drops down to the Hennef-Siegburg basin. The tower of the Neo-Romanesque Catholic parish church of St. John the Baptist rises up above.

Uckerath est un faubourg de Hennef, située en Rhénanie du Nord-Westphalie, de l'autre côté de la frontière de la Rhénanie-Palatinat. Depuis Altenkirchen, on l'atteindra en partant en direction du Rhin sur la B 8 qui est l'ancienne route de commerce Francfort-Cologne. Les plateaux d'Uckerath s'étendent entre l'arrondissement de Neuwied au nord et la vallée de la Sieg. Ils font partie du Bas Westerwald qui descend vers le bassin de Hennef-Siegburg. La localité est dominée par le clocher de l'église néo-romane Saint-Jean-Baptiste.

## STADT BLANKENBERG / Sieg

Gleichfalls Hennef angegliedert wurde eine der kleinsten Städte Deutschlands, die nur gut 500 Einwohner zählende „Stadt Blankenberg", eine Gründung der Grafen von Sayn aus der Zeit um 1180, die fast 700 Jahre lang ihre Selbständigkeit wahrte. Noch heute ist der alte Stadtkern, einschließlich der ins Siegtal schauenden Vorburg, fast vollständig mit Mauern und Türmen bewehrt. Kein Wunder, dass das romantische Städtchen immer viele Gäste in seinen Mauern sieht. Unser Foto zeigt den Katharinenturm, in dem ein Turmmuseum untergebracht ist.

## STADT BLANKENBERG / Sieg

One of the smallest towns in Germany with a population of only about 500, "Stadt Blankenberg" is also now part of Hennef. The place was founded by the Counts of Sayn about 1180 and maintained its independence for nearly 700 years. The old town centre including the outer castle overlooking the Sieg valley, is still almost completely enclosed with walls and gates. No wonder the romantic little town regularly draws large numbers of visitors within its walls. The photo shows St. Catherine's Gate, which houses a museum in the tower.

## STADT BLANKENBERG / Sieg

Stadt Blankenberg, une des plus petites villes d'Allemagne comptant 500 habitants, fait désormais partie de Hennef. Fondée par les comtes de Sayn vers 1180, elle est restée autonome durant 700 ans. Le coeur historique de la localité est pratiquement intact avec une enceinte et des tours bien conservées et un bastion surplombant la vallée de la Sieg. Ce n'est donc pas surprenant que la petite ville romantique soit un lieu d'excursion très prisé. La photographie montre la tour Catherine qui abrite un musée.

Etwa 2 km oberhalb von Wissen blicken wir von der Siegtalstraße hinüber auf das Hofgut Auen. Hofbewohner und Wanderer können hier den Fluss auf einer Hängebrücke überqueren. Ein Wort zur Sieg: Der Fluss entspringt in 603 m Höhe auf der Sonnspitze im Naturpark Rothaargebirge und mündet nach 152 km nördlich von Bonn in den Rhein. – Mehr als 10 000 Einwohner zählt die industriereiche Stadt Betzdorf an der Mündung der Heller in die Sieg, die sich rundum in den Talhängen hochzieht. Wir schauen von Süden her in die Stadt.

About 2 km above Wissen we have a view from the Sieg valley road across to Auen manor. The inhabitants and hikers can cross the river on a suspension bridge. A few words about the Sieg: the river rises 603 m up on the Sonnspitze in the Rothaar Mountains nature reserve. 152 km and many meanderings later it flows into the Rhine north of Bonn. – The industrial town of Betzdorf at the mouth of the Heller into the Sieg has a population of over 10,000 and stretches up the surrounding slopes all around. The photo shows the view from the south.

Le manoir d'Auen se trouve à deux km de Wissen en face de la route de la Vallée de la Sieg. De cet endroit, il est accessible par une passerelle qui franchit de la rivière; sinon, on ne peut l'atteindre que de la route qui conduit au lieu-dit Blickhäuser Sieghöhe. La Sieg prend sa source à 603 mètres d'altitude au Sonnspitze dans le parc naturel de Rothaargebirge et se jette dans le Rhin, 152 km plus loin. – Betzdorf grimpe sur les versants de la vallée, à l'embouchure de la Heller et de la Sieg. Aujourd'hui, la ville industrielle compte plus de 10 000 habitants.

Wo im Sieg-Westerwald sich der Friedewalder Bach mit dem Daadebach vereinigt, liegt Daaden, ein Ort von 3200 Einwohnern und Sitz einer Verbandsgemeinde. In der Ortsmitte steht die sehenswerte barocke evangelische Pfarrkirche (1722-24), ein einschiffiger Bau in Kreuzform mit zweistöckigen Emporen. – Ein Wahrzeichen des bewaldeten Bergmassivs zwischen Heller und Sieg ist südlich von Kirchen der sich oberhalb des Stadtteils Herkersdorf erhebende Druidenstein (431 m), benannt nach der keltischen Priesterkaste der Druiden.

Daaden in the Sieg-Westerwald area, a place with a population of 3200, stretches out along the Friedewald and Daade stream valleys. In the centre is the baroque Protestant parish church (1722-24), a cruciform building with a single aisle and two-storied galleries that is well worth a visit. The museum of local history can be viewed in the house of the former bailiff of the Counts of Sayn, Schütz. – The Druids' Stone above Herkersdorf, named after the Celtic priests, is a landmark 431m up on the wooded massif between the Heller and the Sieg, south of Kirchen.

Daaden qui compte 3200 habitants s'étend à l'endroit où les deux vallées des petits cours d'eau Friedewalder Bach et Daadebach se rejoignent. Une belle église baroque (1722-24) domine le cœur de la localité. L'édifice à une nef en forme de croix renferme deux étages de galeries. – Nommé d'après les anciens prêtres celtes, le Druidenstein (431 m), mont du massif boisé entre la Heller et la Sieg, domine Herkersdorf qui fait partie de la commune de Kirchen. Il est le sommet basaltique le plus au nord du Westerwald.

Mit einem Besuch des Druidensteins läßt sich eine Kurzwanderung zum Ottoturm bei Offhausen verbinden. Vom 18 m hohen Turm genießt man einen prächtigen Blick über das Siegtal hinweg in Richtung Bergisches Land und Sauerland. Jenseits des Tales erhebt sich steil über dem Siegtal die Freusburg mit dem gleichnamigen Dorf, Sitz derer von Freusburg. Die Freusburg gehört dank ihrer romantischen Lage, guten Infrastruktur und schönen Wandermöglichkeiten zu einer der meistbesuchten Jugendherbergen Deutschlands.

A visit to the Druids' Stone can be combined with a short walk to the Otto Tower near Offhausen. From the 18m high tower there is a magnificent view out over the Sieg valley towards the Bergisches Land and the Sauerland. The Freusburg, with the village of the same name, rises up steeply on the other side of the valley. Thanks to its romantic location, a good infrastructure and the good hiking in the vicinity, the Freusburg is one of the mostly popular youth hostels in Germany.

La tour dite Ottoturm, près d'Offhausen, est située à proximité du Druidenstein. Haute de 18 mètres, elle offre un panorama magnifique sur la vallée de la Sieg, avec au loin, le Bergische Land et le Sauerland. La forteresse de la Freusburg au pied de laquelle se niche le village du même nom, surplombe la vallée. Située dans un paysage romantique offrant de belles randonnées et dotée d'excellentes infrastructures, la forteresse est aujourd'hui une des auberges de jeunesse les plus prisées d'Allemagne.

Die zu Nordrhein-Westfalen gehörende Großstadt Siegen ist der unumstrittene Mittelpunkt des geschäftigen, industriereichen Siegerlandes. Die 1224 gegründete Universitätsstadt, deren Stadtgebiet von der Sauerlandlinie (A 45) zerschnitten wird, ist aber auch Zentrum einer waldreichen Wanderlandschaft. Über viele Kilometer ziehen sich die Siedlungsgebiete der Kernstadt Siegen und die der großen eingemeindeten Stadtteile durch die Talgründe und Hänge der Sieg und deren Nebentäler.

The large town of Siegen, part of Northrhine Westphalia, is the undisputed centre of the busy, industrial Siegerland. This university town, founded in 1224, and now divided by the A 45 Sauerland autobahn that passes through it, is, however, also the centre of a densely forested hiking region. The settlements of the town of Siegen itself, and the large outlying areas that have been incorporated into the borough, stretch out along the floor and up the slopes of the Sieg valley, and those of its tributaries, for many kilometres.

Faisant partie de la Rhénanie du Nord-Westphalie, Siegen est le centre incontesté de la région industrielle du Siegeland et est traversée par l'autoroute du Sauerland A 45. Mais la ville universitaire, fondée en 1224, se trouve également au coeur d'une contrée très boisée qui invite aux randonnées. Les quartiers de Siegen et les communes environnantes qui ont été rattachées à la ville, s'étendent sur des kilomètres au fond et sur les versants de la vallée de la Sieg et de ses affluents.

◁ **DAUTPHETAL** **DILLENBURG**

Kratzputz in Reliefmanier mit reichhaltiger Pflanzenornamentik zeigt dieses Anwesen in Dautphetal-Holzhausen - typisch für viele Fachwerkhäuser des Westerwälder Hinterlandes östlich der Dill. - Die Oranierstadt Dillenburg, 25.000 Einwohner, einst Kreisstadt des Dillkreises, wird überragt von der historischen Kulisse des Schlossberges mit dem 1875 errichteten Wilhelmsturm (Oranien-Nassauisches Museum). Am Fuß des Schlossbergs steht die Stadtkirche (1490/91), Grabstätte der Nassau-Dillenburger Grafen- und Fürstenfamilie.

◁ **DAUTPHETAL** **DILLENBURG**

This house in Dautphetal-Holzhausen is decorated with sgraffito in relief style and richly ornamented with plant shapes – something typical of many half-timbered houses in the Westerwald Hinterland east of the Dill. – Dillenburg (pop. 25,000), historically related to the House of Orange, is dominated by the historic backdrop of the castle hill with the Wilhelmsturm built in 1875 (Oranien-Nassauisches Museum). At the base of the hill, the town church (1490-91), where the counts and dukes of the Nassau-Dillenburg line are buried.

◁ **DAUTPHETAL** **DILLENBURG**

Située à Dautphetal-Holzhausen, cette demeure à colombages aux nombreux ornements floraux, est caractéristique des maisons de ce terroir à l'est de la Dill. – Dillenburg, ville de 25000 habitants, est une ancienne résidence de la famille d'Orange-Nassau. Construit en 1875, le Wilhelmsturm qui abrite le musée d'Orange-Nassau, domine la cité aux jolies ruelles anciennes. L'église paroissiale (1490/91) renferme des tombeaux des princes et comtes de Nassau-Dillenburg.

A
AKTUELL
B
BILLIG
C
CHIC
SCHUHE
zeigt die aktuellen Mode-Typen
zeigt die aktuellen Mode-Typen
Marktplatz

Die tausendjährige Stadt Herborn im Dilltal weist die wohl schönste Fachwerk-Altstadt des Westerwaldes auf. Unser Foto zeigt das Rathaus aus dem Jahre 1630. Auch heute noch Hauptsitz der Stadtverwaltung, war es einst u. a. Tagungsort des Gerichts, des Rats und der Zünfte. Die Außenwand zeigt Familienwappen, Zunft- und Handelszeichen. Davor der Löwenbrunnen aus dem Jahre 1732.

The 1000-year-old town of Herborn in the Dill valley probably has the finest half-timbered old town in the Westerwald. The photo shows the town hall, dating from 1630. The local administration is still housed here, once the site of tribunals, of council and guild gatherings. The coats of arms of families and guilds can be seen on the outside wall. In front is the Löwenbrunnen dating from 1732.

Herborn dans la vallée de la Dill, existe depuis 1000 ans. Son vieux quartier possède les plus belles maisons à colombages du Westerwald. La photographie montre l'hôtel de ville de 1630 qui abrite encore la mairie. Autrefois, il était siège du tribunal, du conseil municipal, des corporations, des poids et mesures, salle de danse, cave à vins, grenier à grain et arsenal. La façade est décorée de blasons de familles et de corporations. La fontaine des Lions date de 1732.

Dort wo am Rande der Basalthochfläche des Westerwaldes der Ulmbach lahnwärts seinen Lauf beginnt, liegt in einer Mulde Beilstein, einst Sitz der älteren Linie der Grafen von Nassau-Beilstein. Hierhin wurde Anna von Sachsen, die Gemahlin Wilhelms von Oranien, nach ihrem Ehebruch mit dem Maler Jan Rubens verbannt. Die Burg wurde 1812 zum Abbruch verkauft, doch hat man in den letzten Jahren den großen Palas und das Torhaus restauriert. Typisch die Bausteine aus Säulenbasalt, sogenannte -„Beilsteine", die Ort und Burg den Namen gaben.

Beilstein, once seat of the older line of Counts of Nassau-Beilstein, lies in a basin on the edge of the Westerwald basalt uplands where the Ulmbach rises. This is where Anna of Saxony, the wife of William of Orange, was banished after committing adultery with the painter Jan Rubens. The castle was sold in 1812 for demolition, but recently restoration work has been undertaken, especially to the large, rectangular main living quarters and the gatehouse. The basalt building blocks are called "Beilsteine", from which the name of the castle and the place is derived.

Beilstein, ancienne résidence de la plus vieille lignée des comtes de Nassau-Beilstein, se dresse dans une cuvette au bord du plateau basaltique du Westerwald, là où le ruisseau Ulmbach court vers la Lahn. C'est dans ce château que fut bannie Anna de Saxe, épouse de Guillaume d'Orange, coupable d'adultère avec le peintre Jan Rubens. Acheté en 1812, l'édifice a été restauré ces dernières années, notamment sa partie principale et le bâtiment d'entrée avec les dépendances. Caractéristiques sont les matériaux de construction provenant de coulées de basalte.

## GREIFENSTEIN, Burg

Keine andere Burganlage des Westerwaldes ist so imposant und so groß wie die des Greifensteins. Die Grafen von Solms-Braunfels hatten sie nach 1602 zu einer mächtigen Festung ausgebaut. Sie geriet jedoch in Verfall, als die Residenz 1693 nach Braunfels verlegt wurde. Der rührige Greifenstein-Verein hat die Burg in den letzten Jahrzehnten umfassend restauriert. Charakteristisch sind der Nassauer Turm (1384; links) und der Bruder-Turm (1390; rechts). In der Rossmühle ist das Deutsche Glockenmuseum untergebracht.

## GREIFENSTEIN, Castle

No other castle complex in the Westerwald is so imposing or so large as that of Greifenstein. The Counts of Solms-Braunfels made it into a mighty fortress after 1602. But it fell into disrepair when the court seat was moved to Braunfels. In recent years it has been extensively restored by the very active Greifenstein Association. Characteristic features are the Nassau Tower (1384, on the left) and the Brothers Tower (1390, on the right). The Rossmühle houses the German Bell Museum.

## GREIFENSTEIN, Château

Aucun château du Westerwald n'est aussi imposant que le Greifenstein, transformé en forteresse par les comtes de Solms-Braunfels à partir de 1602. Il tomba en ruine quand ceux-ci s'installèrent à Braunfels en 1693, mais a été restauré au cours des dernières décennies. La tour de Nassau (à gauche) date de 1384 et la tour des Frères (à droite) de 1390. Le moulin dit Rossmühle abrite le Musée allemand des cloches.

Über dem gleichnamigen Dorf, das sich an den Burgberg schmiegt, erhebt sich die evangelische Jugendburg Hohensolms, in der einst die Grafen von Solms-Hohensolms residierten. Hinter dem Torbogen befindet sich die Burgkapelle mit barockem Haubendach. – Wer die Nordumgehung von Gießen befährt, den begleiten auf den sanft ansteigenden Höhen nördlich der Lahn zwei markante Burgen mit ihren besteigbaren Bergfrieden: Gleiberg (vorne) und Vetzberg (hinten).

Hohensolms Castle, once the seat of the Counts of Solms-Hohensolms and now part of a Protestant youth organization, rises up above the village of the same name. Behind the gate is the castle chapel with its baroque roof. – If you drive along Giessen's northern ring-road, there are two striking castles to be seen on the gentle hillsides north of the Lahn. Gleiberg (on the left) and Vetzberg (on the right): both can be climbed.

Le château de Hohensolms, ancienne résidence des comtes de Solms-Hohensolms, surplombe le village du même nom qui se niche au pied du mont. Derrière la porte se trouve la chapelle surmontée d'un dôme baroque. – Au nord de Giessen, deux châteaux imposants se dressent sur les collines ondoyantes qui dominent la Lahn: le Gleiberg (à gauche) et le Vetzberg (à droite) dont on découvrira des vues splendides depuis le haut de leurs donjons.

Wetzlar: alte Reichsstadt, einst Sitz des Reichskammergerichts, Goethestadt, optische und eisenverarbeitende Industrie, reizvolle Altstadt, heute über 50 000 Einwohner. Blick vom Lahnufer auf die alte Brücke und über die Dächer hinauf zum Dom, den seit 400 Jahren beide großen Konfessionen als Gotteshaus nutzen. Interessant ist, dass der gotische Neubau um den romanischen Altbau herumgeführt aber nie vollendet wurde. – Kloster Altenberg über dem Lahntal, eine weiträumige Klosteranlage mit gotischer Kirche, ist heute Mutterhaus der Diakonissen.

Wetzlar: an old imperial city, once seat of the imperial supreme court, a place where Goethe worked, the Lottehaus, optical instruments and iron-processing industries, an attractive old town, over 50,000 inhabitants. View from the Lahn of the old bridge and over the rooftops to the cathedral, used incidentally by both denominations for 400 years. The newer building in Gothic style was built round the old Romanesque one, but never completed. – Altenberg, a large convent above the Lahn with a Gothic church, is today the mother-house of the deaconesses.

Wetzlar: ancienne ville d'Empire de plus de 50 000 habitants aujourd'hui, siège de l'industrie optique (leica) et sidérurgique, ville où habitait «Lotte», l'héroïne de Goethe et où est mort le général Hoche en 1797. La photographie montre une vue sur le Vieux-Pont et sur la cathédrale, lieu commun des cultes catholique et protestant depuis 400 ans et dont la partie gothique, construite autour de la partie romane, n'a jamais été achevée. - Dominant la vallée de la Lahn, le cloître d'Altenberg et son église gothique est la maison-mère des diaconesses.

Auch unterhalb von Wetzlar durchfließt die Lahn ein breites, fast beckenförmiges Tal, das Siedlungen genügend Platz bietet. Große Dörfer reihen sich hier aneinander: Im Vordergrund die kleine Lahnstadt Leun mit dem gotischen Wehrturm der Pfarrkirche, dann auf der Taunusseite des Lahntals das Städtchen Solms mit seinen Stadtteilen Burgsolms, Albshausen und Oberbiel (links). Im Hintergrund Wetzlar mit der Kuppe des Stoppelbergs. Links über Leun ein letzter Ausläufer des mächtigen Waldrückens zwischen Lahn- und Dilltal.

Below Wetzlar, too, the Lahn flows through a broad, almost basin-shaped valley, offering plenty of room for settlements. There is one big village after another: in the foreground, the small town of Leun with the Gothic tower on its parish church; then, on the Taunus side of the valley, the little town of Solms with Burgsolms, Albshausen and Oberbiel (on the left). In the background, Wetzlar with the summit of the Stoppelberg. Left of Leun, the massive wooded ridge between the Lahn and Dill valleys fades gradually away.

Au-dessous de Wetzlar, la Lahn traverse une vaste vallée en forme de cuvette, parsemée de localités. Au premier plan, Leun, un petit village dominé par le clocher fortifié gothique de son église; à gauche, la petite ville de Solms avec ses faubourgs, Burgsolms, Albshausen et Oberbiel, s'étend sur un versant du Taunus. A l'arrière-plan, Wetzlar avec le mont du Stoppelberg. Au centre de l'image: un des derniers contreforts de la puissante crête boisée qui s'étire entre les vallées de la Dill et de la Lahn.

## WALD

Der Westerwald macht seinem Namen alle Ehre. Wer abwechslungsreiche Wälder liebt, der kommt hier voll auf seine Kosten. Weite waldlose Gebiete suchen wir vergebens. Die Hänge der Täler, die Bergrücken und Basaltkuppen sind in aller Regel bewaldet. Nadelwald weicht immer stärker artenreichem Laub- und Mischwald. Ein gut markiertes Wandernetz durchzieht die schönsten Teile, insbesondere die Waldränder gewähren oft großartige Ausblicke.

## FOREST

The Westerwald does its name justice. Lovers of woodland and forest really get their money's worth. Extensive areas with no forest are not to be found. The valley sides, ridges and basalt summits are, as a rule, wooded. Conifer forest is being replaced more and more with more varied deciduous or mixed forest. The most beautiful parts are covered by a well-marked network of hiking trails; there are often fine views from the edge of the woods.

## FORÊT

Le Westerwald (Forêt à l'Ouest) fait honneur à son nom. Des forêts magnifiques recouvrent les versants des vallées, les crêtes des montagnes et les dômes de basalte. Les sapins sont de plus en plus souvent remplacés par des forêts d'arbres feuillus ou d'essences diverses. Les plus beaux endroits possèdent des réseaux de chemins bien balisés et l'on découvre de jolies vues depuis les lisières des bois. Le gibier abonde partout.

◁ WEILBURG RUNKEL

In einer Schleife umfließt die Lahn die Weilburger Altstadt mit ihrem großartigen Schloss aus der Zeit der Renaissance und des Barock, einst Residenz der nassauischen Grafen. Ein Besuch des Hochschlosses mit seinem malerischen Innenhof und den eingerichteten Wirtschafts- und Prunkräumen sollte nicht versäumt werden. Ebensowenig wie ein Blick in den einzigen Wasserstraßentunnel Deutschlands, der den Burgberg durchsticht. – Auch Runkel ist ein reizvolles Lahnstädtchen mit seiner eindrucksvollen romanischen Burg. Die alte Lahnbrücke zu ihren „Füßen" stammt noch aus dem Jahre 1440.

◁ WEILBURG RUNKEL

The Lahn makes a big loop round Weilburg's old town with its great castle. This dates back to the time of the Renaissance and the Baroque, and was once the residence of the Counts of Nassau. A visit to the castle with its picturesque inner courtyard and furnished domestic quarters and state rooms is a must. Throw a glance into Germany's only waterway tunnel, through the castle hill. – Runkel, too, is a charming little town on the Lahn, with an impressive Romanesque castle. The old bridge over the Lahn at its "feet" dates from the year 1440.

◁ WEILBURG RUNKEL

La Lahn dessine un méandre autour de Weilburg que domine un magnifique château de styles Renaissance et baroque. Il faut absolument visiter l'ancienne résidence des comtes de Nassau avec sa belle cour d'honneur, ses dépendances aménagées et ses salles d'apparat magnifiquement meublées. Perçant le massif, l'unique cours d'eau dans un tunnel d'Allemagne, mérite également une visite. – Runkel est une jolie petite ville sur la Lahn, possédant un château romantique. Le vieux pont sur la rivière date de 1440.

Vom Psychiatrischen Krankenhaus auf dem Mönchberg (Gedenkstätte für die Euthanasieopfer der Nazis) ruht der Blick auf der im Tal des Elbbachs gelegenen Altstadt Hadamars mit ihrem Barockschloss (rechts), der Franziskanerkirche (links) und vielen anderen sehenswerten Bauten. Hier residierten die Grafen von Nassau-Hadamar.

Looking down from the Psychiatric Clinic on the Mönchberg (memorial to the Nazi euthanasia victims) our gaze rests on the old town of Hadamar, with its baroque castle (on the right), St. Francis' Church (on the left) and many other notable buildings. The Counts of Nassau-Hadamar once resided here.

Depuis l'hôpital psychiatrique situé sur le mont dit Mönchberg (mémorial des victimes de l'euthanasie durant le régime nazi), le regard découvre Hadamar, ancienne résidence des comtes de Nassau-Hadamar. La ville pittoresque de la vallée de l'Elb, possède plusieurs édifices historiques dont le château baroque (à droite sur l'image) et l'église des Franciscains (à gauche).

So markant ist dieses Basaltplateau, dass sich die umliegenden Gemeinden bei ihrem Zusammenschluss zu einer hessischen Großgemeinde den Namen „Dornburg" gaben. Der Basaltabbau wurde inzwischen eingestellt, da das gesamte, im Schnitt knapp 400 m hohe Massiv unter Naturschutz gestellt wurde. Nur noch wenige Reste wie etwa die Rödchesmauer, ein Steinwall, zeugen von der einst dort befindlichen großen keltischen Siedlung. Nördlich zum Hohen Westerwald hin sehen wir im Elbtal Langendernbach liegen.

This basalt plateau is so striking that the villages round about chose the name "Dornburg" when they were combined to form one local government unit. The excavation of basalt has now ceased, as the whole, on average 400m high, massif is now a protected area. Only a few remains, such as the Rödchesmauer, a stone wall, are left of the large Celtic settlement that was once here. Looking north towards the Upper Westerwald, we can see Langendernbach in the Elb valley.

Cette croupe basaltique est si imposante que les localités environnantes ont choisi son nom «Dornburg» quand elles ont été regroupées en une commune. L'extraction du basalte a stoppé lorsque le massif haut de 400 mètres est devenu une aire naturelle protégée. Un grand village celte s'étendait autrefois à cet endroit, ainsi qu'en témoignent quelques vestiges tels que le Rödchesmauer, un mur de pierre. Sur la photo, nous voyons aussi le village de Langendernbach, niché au fond de la vallée de l'Elb.

Im Nordhang der Dornburg liegt der Hildegardisfelsen. Die Sage erzählt, von dort habe sich eine Bürgermeisterstochter der keltischen Dornburgsiedlung zu Tode gestürzt. Der Wanderer hat von hier einen prächtigen Blick ins weite Elbtal und hinüber zum wuchtigen Basaltrücken des Heidenhäuschens. – Aus dem Kalkfelsen am Lahnufer wächst die romanische Stiftskirche St. Lubentius im Limburger Stadtteil Dietkirchen, eine dreischiffige, doppeltürmige Emporenbasilika; sie gehört zu den eindrucksvollsten des Lahntals.

The Hildegardis Rock is on the northern slope of the Dornburg. According to a legend, the daughter of a mayor of the Celtic Dornburg settlement fell to her death here. Hikers have a fine view from here of the broad Elb valley and across to the massive basalt ridge of the Heidenhäuschen. – In Dietkirchen, part of Limburg, the impressive Romanesque collegiate church of St. Lubentius, a three-aisled gallery church with twin towers, appears to grow out of the limestone rock.

‚Le rocher de Hildegardis se dresse sur le versant nord du massif de la Dornburg. Selon la légende, la fille d'un chef du village celte de Dornburg se serait jetée de ce rocher. Depuis une plate-forme, on embrasse un panorama superbe sur la vallée de l'Elb et l'imposante crête basaltique du Heidenhäuschen. – L'église romane se dresse dans le village de Dietkirchen, situé au bord de la Lahn. L'édifice à trois nefs et deux tours abrite le tombeau de Saint Lubentius, apôtre de la Lahn.

Auf beiden Fotos schauen wir von Osten her auf den von Dom und Schloss beherrschten Domberg und die alte Lahnbrücke. Das Lahntal hat sich hier zu einem Becken geweitet, in dem gute Siedlungsmöglichkeiten bestehen. So entstand Limburg am Schnittpunkt zweier wichtiger alter Handelsstraßen. Der siebentürmige spätromanische, im Innern teils frühgotische Dom, geweiht 1235, ist seit 1827, der Abtrennung von Kurtrier, Bischofssitz. Zu einem Besuch der lebendigen Stadt gehört auch ein Bummel durch die Altstadt mit ihren malerischen Fachwerkhäusern.

In both photos we are looking from the east towards the cathedral hill, dominated by the cathedral and the castle, and the Lahn bridge. The Lahn valley has broadened to a basin here, with plenty of scope for settlement. The Late-Romanesque, on the interior partly early-Gothic cathedral has seven towers. Consecrated in 1235, it has been the seat of a bishopric since 1827. A trip to this lively town with a population of 30,000 is not complete without a wander through the old town with its picturesque half-timbered houses.

Plusieurs localités se sont implantées dans cette partie de la vallée de la Lahn qui s'élargit ici pour former un bassin. L'une d'elle est Limburg, bâtie à la croisée de deux anciennes routes de commerces. Sur les photos, on peut voir la cathédrale, le château et le Vieux-Pont. La cathédrale à sept tours, de style roman à l'extérieur et en partie gothique à l'intérieur, fut achevée en 1235. La ville animée de 30000 habitants est siège d'évêché depuis 1827. Elle possède également un ancien quartier abritant de pittoresques maisons à colombages.

Mit dem hessischen Limburg fast zusammengewachsen ist das rheinland-pfälzische Diez (9000 Einwohner), bis 1971 Kreisstadt des Unterlahnkreises, heute Sitz einer Verbandsgemeinde und einer Garnison. Frisch verputzt strahlt von einem Porphyrfelsen das Grafenschloss (11.–14. Jahrhundert) auf die barocke „Neustadt" hinab. Die Lahn, die nur noch von Freizeit- und Ausflugsschiffen genutzt wird, zieht hier gemächlich vorbei. Besuchenswert ist über dem Ufer der Lahn auch das inmitten einer Kasernenanlage gelegene Barockschloss Oranienstein.

Diez (pop. 9000) in the Rhineland-Palatinate and Limburg in Hesse have almost grown together. Up till 1971 a District Town, Diez is now the seat of a local council and a garrison. The Counts' castle (11th - 14th centuries), sparkling brightly after being done up, looks down from its porphyritic rock on the baroque "New Town" below. The Lahn, now used only by leisurecraft and steamers, flows leisurely past. The baroque castle, Oranienstein, up above the Lahn in the middle of a barracks area, is also worth a visit.

Diez, située dans le Rhin-Palatinat, rejoint presque Limburg qui se trouve en Hesse. La ville de 9000 habitants abrite une garnison. Sur un rocher de porphyre se dresse le château (11e au 14e s.) dont la façade a été récemment ravalée. La Lahn qui coule paisiblement devant la cité, n'est plus utilisée que par les bateaux de plaisance et pour les sports aquatiques. Une jolie excursion est de suivre le bord de la rivière jusqu'au château baroque d'Oranienstein, ancienne résidence de la maison d'Orange-Nassau, qui se dresse aujourd'hui entre des casernes.

Zu den reizvollsten Orten des unteren Lahntals gehört das auf Straßen nur von den beiderseitigen Höhen her erreichbare Balduinstein. Als einst kurtrierische und damit katholische Exklave im protestanischen Umfeld, besaß es sogar Stadtrechte, wovon heute noch eine Stadtmauer mit einer kleinen Burg zeugen. Im Ort mehrere interessante volkskundliche Denkmäler aus Lahnmarmor. Über dem Dorf rechts der Schwalbenstein mit einem gleichnamigen Erholungsheim. Links die Westerwalddörfer der Esterau. Standpunkt des Fotografen ist die Schaumburg.

One of the most attractive places in the lower Lahn valley is Balduinstein, accessible by road only from the hills on either side. It once had the status of a town, as a Catholic enclave belonging to the electorate of Trier in the midst of a Protestant area. A town wall with a small castle remains. There are several historically interesting monuments made of Lahn marble. Above the village on the right is the Schwalbenstein with a recreation centre of the same name. On the left, the Westerwald villages in the Esterau. The photo was taken from the Schaumburg.

Balduinstein est une des plus jolies localités de la vallée inférieure de la Lahn. Appartenant à l'évêché de Trèves, elle était une enclave catholique dans un environnement protestant et possédait même des droits de cité ainsi qu'en témoignent encore une enceinte et une tour. La petite ville abrite plusieurs monuments intéressants en marbre de la Lahn. La photo a été prise depuis le château de la Schaumburg. A droite, on voit le Schwalbenstein avec un sanatorium portant le même nom et à gauche, des villages de l'Esterau.

Das Steinsche Schloss, erbaut um 1621, ist markanter Mittelpunkt des reizvoll gelegenen Nassau an der Lahn. Vom Schlossportal aus schauen wir auf den zweistöckigen Renaissancebau. Links ist ein achteckiger neugotischer Turm angefügt, in dem sich das Arbeitszimmer des Reichsfreiherrn und weitere Erinnerungsräume befinden. – Dausenaus Schauseite können wir am besten vom jenseitigen Lahnufer betrachten. Mit seinen alten Häusern, der romanischen Pfarrkirche, der Stadtmauer und dem spätgotischen Fachwerkrathaus bietet es ein malerisches Bild.

The castle belonging to the Stein family, built in 1621, is the impressive focal point of Nassau, a charmingly situated town on the Lahn. From the castle gate we have a view of the two-storey Renaissance building. On the left is an octagonal neo-Gothic tower, in which the imperial baron's study and other rooms of historical interest are to be found. - Dausenau can best be viewed from the other side of the Lahn. With its old houses, Romanesque parish church and Late-Gothic half-timbered town hall it is a very picturesque sight.

Le château de Stein, construit vers 1621, domine la physionomie de Nassau sur la Lahn. Depuis le portail, nous découvrons l'édifice Renaissance à deux étages, flanqué à gauche d'une tour octogonale de style néo-gothique. Elle abrite la salle de travail du baron de Stein qui anima la résistance contre Napoléon. – Le plus beau panorama sur Dausenau se découvre depuis les rives de la Lahn. La ville offre une image romantique avec ses maisons anciennes, son église romane, son enceinte et son hôtel de ville à colombages de style gothique tardif.

Vom Concordiaturm schauen wir auf das berühmte Weltbad, seit 1972 auch Kreisstadt des Rhein-Lahn-Kreises. Rechts das repräsentative Kursaalgebäude, heute Hotel und Spielbank mit Theater. 17 Thermalquellen mit Wassertemperaturen von 20–57 Grad sprudeln aus der Erde. – Die B 42 umgeht Lahnstein auf einer Hochbrücke, die den Berg durchsticht, auf dem sich als einst kurmainzischer Eckpfosten Burg Lahneck erhebt. Gegenüber, auf der Westerwaldseite, die Allerheiligenberg-Kapelle mit einem Oblatenkloster.

From the Concordia Tower we have a view of the world-famous spa. On the right the imposing Kursaal building, today a hotel with a casino and theatre. 17 thermal springs with a temperature of 20–57 degrees come bubbling out of the ground. – Just before the hills start to make room for the Rhine plain, the Lahn valley can be seen again at its most charming. The B42 circles round Lahnstein on a high bridge, cutting through the hillside on which Lahneck Castle stands. Opposite, on the Westerwald side, is the All Saints' Chapel with an Oblate monastery.

Nous découvrons Bad Ems (Ems-les-Bains), ville d'eau mondialement connue, depuis la tour dite Concordiaturm. Les établissement thermaux abritent aujourd'hui un hôtel, un casino et un théâtre. Des 17 sources thermales jaillissent 13 000 litres d'eau par minute à des températures de 20 à 57 degrés. – La B 42 contourne Lahnstein sur un haut pont qui perce la montagne sur laquelle s'élève Burg Lahneck, un ancien château-fort des princes électeurs de Mayence. En face, sur le côté du Westerwald, se dressent la chapelle de l'Allerheiligenberg et un cloître d'Oblats.

Lebhafter Ausflugsverkehr bestimmt hier das Bild des Rheins. Dem Deutschen Eck und den Rheinanlagen auf der Westerwaldseite gegenübergelegen, sehen wir den rechtsrheinischen Koblenzer Vorort Ehrenbreitstein, so genannt nach der mächtigen Festung, die das Plateau der Hochterrasse 120 m über dem Rheinniveau einnimmt. In ihrer heutigen Gestalt wurde sie im ersten Drittel des vorigen Jahrhunderts als Bollwerk gegen die Franzosen ausgebaut. Von der Hangkante des Festungshofes prächtige Aussicht auf Koblenz mit Rhein und Mosel.

This part of the Rhine is full of busy tourist traffic. Opposite the Deutsches Eck (German Corner) and the keyside on the Westerwald side is the Koblenz suburb of Ehrenbreitstein, named after the mighty fortress that covers the plateau 120m above the river. It was altered and given its present form in the first third of the last century as a bastion against the French. Today it houses, among other things, an important museum and a youth hostel. From the courtyard at the edge of the cliff there is a magnificent view of Koblenz with the Rhine and the Moselle.

Le Rhin est très touristique à cet endroit. Faisant face aux «Rheinanlagen», un parc magnifique au bord du Rhin, Ehrenbreitstein s'étend sur la rive droite du fleuve. Ce faubourg de Coblence est nommé d'après la forteresse colossale dont la plate-forme s'élève à 120 mètres au-dessus du Rhin. L'édifice actuel a été construit entre 1816/1830 pour se protéger des Français. Il abrite entre autres une auberge de jeunesse et un musée régional. Depuis le haut de la cour d'honneur, on jouit d'une vue superbe sur Coblence, le Rhin et la Moselle.

Die 1978 erbaute Raiffeisenbrücke mit dem 105 m hohen Pylon verbindet in der Koblenz-Neuwieder Rheinebene die „Bimsstadt" Weißenthurm mit der „Deichstadt" Neuwied auf der Westerwaldseite. Neuwied, Kreisstadt mit heute 65 000 Einwohnern, wurde 1653 von den Grafen zu Wied gegründet. Deren Schloss ist am unteren Stadtrand zu sehen. Im Hintergrund des Bildes verengt sich das Mittelrheintal wieder an der „Andernacher Pforte" mit dem Kranenberg (links) und der Leutesdorfer Hochfläche (rechts).

The Raiffeisen Bridge, built in 1978, with its 105-metre-high pylon links the "pumice town" of Weissenthurm in the Koblenz-Neuwied Rhine plain and the "dike town" of Neuwied on the Westerwald side. Neuwied, a District Town with a population of 65,000, was founded in 1653 by the Counts of Wied. Their castle can be seen at the bottom end of the town. In the background, the Rhine valley narrows at the "Andernach Gate", with the Kranenberg on the left and the Leutesdorf uplands on the right.

Erigé en 1978, le pont de Raiffeisen, au pylône haut de 105 mètres, relie Weissenthurm et Neuwied, deux villes de la plaine du Rhin. Neuwied qui compte 65 000 habitants, a été fondée par les comtes de Wied en 1653. Leur château se dresse à la lisière inférieure de la cité. Une digue, construite en 1931, protège sa vieille-ville des crues. A l'arrière-plan de l'image, la vallée du Rhin moyen se rétrécit de nouveau pour former la «Porte d'Andernach» entourée du mont du Kranenberg à gauche et du plateau de Leutesdorf à droite.

Um die Mitte des 18. Jahrhunderts erbauten die Grafen zu Wied ihr Neuwieder Schloss im rheinisch-nassauischen Klassizismus-Stil. Auch heute noch bewohnt es die Familie des Fürsten zu Wied. Die Schmiedearbeit über dem Tor trägt das fürstliche Wappen. – Nördlich des Thermalbades Bad Hönningen erhebt sich im Hang des Rheintals über den Rebhängen Schloss Arenfels. Im Kern ist es ein Renaissanceschloss, welches nach 1848 im Stile des romantischen Historismus umgebaut wurde. Wer es nachzählen will: Es soll gleichviel Fenster haben wie das Jahr Tage.

About the middle of the 18th century the Counts of Wied built Neuwied Castle in the Rhenish-Nassau classical style. It is still inhabited by the Prince of Wied's family. The coat of arms is in the wrought ironwork over the gate. – North of the thermal spa of Bad Hönningen, Arenfels Castle, originally a Renaissance castle, but altered in the style of romantic historicism after 1848, rises up above the Rhine and the vineyards. The castle is said to have as many windows as there are days of the year; try counting them!

Les comtes de Wied firent construire leur château dans le style classique rhénan-nassau au milieu du 18e siècle. Il est encore habité par la famille du prince de Wied. Le portail en fer forgé porte le blason princier. – Situé au nord de Bad Hönningen, Arenfels s'élève au-dessus du Rhin sur un versant recouvert de vignobles. Château Renaissance au départ, l'édifice a été remanié dans le style néo-classique romantique après 1848. Pour ceux qui veulent compter: il possède autant de fenêtres qu'il y a de jours dans l'année.

**LINZ** **HEISTERBACH, Kirchenruine**

Linz am Rhein besitzt mit seiner kurfürstlichen Burg, der alten Pfarrkirche St. Martin und insbesondere der historischen Altstadt eines der schönsten Stadtbilder unserer Heimat. Die Neustraße mit ihren stolzen Fachwerkhäusern steigt westerwaldwärts zum Neutor empor. – Im nördlichen Siebengebirge lag einst die bedeutende Zistersienerabtei Heisterbach, von dessen Klosterkirche nur noch die eindrucksvolle spätromanische Chorruine erhalten blieb.

**LINZ** **HEISTERBACH, Ruins**

Linz on the Rhine with its castle, the old parish church of St. Martin's, and especially its historic old town is one of the finest townscapes in the country. The Neustrasse with its proud half-timbered houses rises up towards the New Gate and the Westerwald beyond. – Heisterbach Abbey, once a major Cistercian abbey, is in the northern part of the Siebengebirge. Only the impressive late-Romanesque ruined chancel remains.

**LINZ** **HEISTERBACH, Ruine**

Linz sur le Rhin est une des plus jolies villes de la contrée grâce à son château, son ancienne église et notamment sa vieille-ville historique. Bordée de magnifiques maisons à colombages, la rue dite Neustrasse grimpe jusqu'à la porte Neutor. – L'abbaye cistercienne de Heisterbach se dressait autrefois au nord du Siebengebirge (Chaîne des Sept-Montagnes). Il ne reste plus que le chœur roman de son église.

Von der Rheinhöhe bei Oberwinter schauen wir hinab auf Rolandseck und die Rheininseln Nonnenwerth und Grafenwerth. Gegenüber breitet sich das Panorama des Siebengebirges vor uns aus. Es ist der nordwestliche Ausläufer des Westerwaldes und mit dem sich anschließenden Waldgebiet des Ennert etwa 14 km lang und bis zu 5 km breit. Nicht nur sieben, sondern rund dreißig Vulkankuppen lassen diesen Gebirgszug außerordentlich abwechslungsreich und geologisch interessant erscheinen. Wir finden hier Tuff, Trachyt, Andesit und Basalt mit vielen mineralogischen Einschlüssen.

From the heights above the Rhine near Oberwinter we look down on Rolandseck and the Rhine islands of Nonnenwerth and Grafenwerth. Opposite, the panorama of the Siebengebirge unfolds before us. They are the northwestern foothills of the Westerwald, and together with the Ennert woods make up an area 14 km long and up to 5km wide. There are not just seven, but over 30 volcanic hilltops, making this range of hills an area of exceptionally varied countryside and geological interest. Tuff, trachyte, andesite and basalt with traces of many other minerals are to be found.

Depuis les collines près d'Oberwinter, nous embrassons une vue magnifique sur le Rhin: en bas, Rolandseck et les îles de Nonnenwerth et Grafenwerth au milieu du fleuve; devant nous, se déroule le panorama de la chaîne des Sept-Montagnes (Siebengebirge). Avec la région boisée de l'Ennert qui le prolonge, le contrefort nord-ouest du Westerwald a une superficie d 14 km de long et de 5 km de large. La chaîne ne possède pas sept, mais au moins trente croupes volcaniques de grand intérêt géologique. On y trouve du tuf, du trachyte, de l'andésite et du basalte.

m Mittelalter dienten die Vulkankuppen als Steinbrüche für die großen Kirchen- und Profanbauten des Kölner Raumes und des Niederrheins. Der Name Drachenfels ist auf die gebrochenen Steinquarder zurückzuführen, die man früher „Draken" nannte und womit zum Teil der Kölner Dom gebaut wurde. In dem trocken-warmen Hangklima finden manche Steppen- und Mittelmeerpflanzen ihre nördliche Begrenzung. Heute steht das gesamte Gebirge unter Naturschutz und ist nur auf wenigen Straßen zu durchfahren. Es wird allerdings von einem dichten Wanderwegenetz erschlossen.

In the Middle Ages the hilltops served as quarries for the great churches and secular buildings in the region round Cologne and the Lower Rhine. Many a plant of Mediterranean origin is to be found, even this far north, thanks to the warm dry climate on the slopes. The whole area is a nature reserve and can only be traversed on a few roads. But there is a dense network of hiking trails.

Au Moyen-Age, les dômes volcaniques procuraient les matériaux avec lesquels furent construits les édifices religieux et laïques de la région de Cologne et de la basse vallée du Rhin. Cette contrée est la frontière septentrionale pour les espèces de plantes méditerranéennes qui y poussent grâce au climat souvent sec et doux. Les Sept-Montagnes sont aujourd'hui un parc naturel protégé. Peu de routes le traversent, mais on peut le parcourir sur un vaste réseau de chemins de randonnées.

KÖNIGSWINTER III
KÖNIGSWINTER

Rheinromantik und Rheintourismus sind festverwurzelt auf dem sagenumwobenen Drachenfels zwischen Königswinter und Rhöndorf, der mit seinem Gipfel 270 m über den Strom aufragt. Oben steht die Ruine des Drachenfels, einst Sitz der Burggrafen. Eine Zahnradbahn bringt tagtäglich große Menschenscharen hinauf, die das Rheinpanorama genießen oder auch beim Fuß-Rückweg der neugotischen Drachenburg einen Besuch abstatten.

Steeped in legend, the Drachenfels rises up 270 m above the Rhine between Königswinter and Rhöndorf. Rhenish romanticism and Rhenish tourism are very much at home here. On the top are the ruins of the Drachenfels, once the seat of the Burgraves. A rack railway takes hordes of people up every day. They come to enjoy the panorama and maybe visit the neo-Gothic Drachenburg on their way back down on foot.

Entre Königswinter et Rhöndorf, le Drachenfels, entouré de légendes, surplombe le Rhin à 270 mètres de hauteur. Un château en ruine, ancienne résidence des comtes de Drachenfels, se dresse sur son sommet. Tous les jours, le chemin de fer à crémaillère emmène des foules de gens qui vont admirer le panorama superbe sur le Rhin avant de redescendre à pied pour visiter le château néo-gothique de Drachenburg.


ZIETHEN-PANORAMA VERLAG
D-53902 Bad Münstereifel · Flurweg 15
Telefon: (0 22 53) 60 47 · Telefax: (0 22 53) 67 56
Email: mail@ziethen-panoramaverlag.de

4. neu überarbeitete Auflage

Redaktion: Horst Ziethen
in Zusammenarbeit mit dem Westerwald-Verein e.V.
Textautor: Hermann-Josef Hucke
Englische Übersetzung: John Stevens
Französische Übersetzung: France Varry

Gesamtherstellung:
ZIETHEN-FARBDRUCKMEDIEN GmbH
D-50999 Köln · Unter Buschweg 17
Telefon: (02236) 3989-14 · Telefax: (02236) 3989-89
Email: mail@ziethen.de · www.ziethen.de

Band XII der Buchreihe des Westerwald-Vereins, Montabaur
Verlag Westerwald-Verein e.V., ISBN-3-921548-16-0



BILDNACHWEIS / table of illustrations / table des illustrations

| | Seiten: |
|---|---|
| Karl Kinne | 5, 7, 8, 9, 13, 14, 15 (Rücktitel), 16, 17 (Titel), 18, 20, 21, 22, 23, 24, 26, 28, 29, 30, 31, 33, 34, 35, 36, 39, 40, 41, 42, 43, 44, 46, 47, 50, 54, 55, 58, 59, 61, 64, 65, 66, 69, 71, 74, 78, 81, 82/83 |
| Zusatzaufnahmen von: | |
| Landesmedienzentrum Rheinland-Pfalz | 6, 32, 38, 45, 51, |
| F. W. Georg | 10, 11 (2), 25 (3) |
| Deutsche Luftbild | 60, 62, 63, 77 |
| Werner Otto | 48, 52, 53, 67, 84 |
| G. Ritterstieg | 12, 19, 72 |
| Xenil-Dia | 56, 57 |
| MZH-Archiv/Landvogt | 25 (o. r.) |
| Ottfried Schneider | 11 (o. r.) |
| Michael Jeiter | 37 |
| Helga Lade Fotoagentur | 49 |
| Stuttgarter Luftbild Elsässer | 68 |
| Fridmar Damm | 70 |
| Fritz Mader | 73 |
| Erich Justra | 75, 76, 79 |
| Horst Ziethen | 27, 80 |

Karten-Nachweis
Vorsatz: Aktuelle Karte „Erlebnis Westerwald“ hrsg. v. Westerwald-Verein e. V. i. V. m. den neun zum geografischen Westerwald zählenden Kreisen
Nachsatz: Historische Karte, Landschaftsmuseum Westerwald, Hachenburg

NASSOVIA
Comitatus.
WESTPHALIAE
PARS
COMITATVS
SI-
GEN
COM: DILLENBVRG
Dillenburg
Sigen
Westerwaldt
WIDDAN COM.
SEYN COM.
ISENBERG
Isenberg inferior
COM.
COM BEILSTEIN
MENSIS
COM: WEIL
BVRGENSIS.
COMITATVS.
Weilburg
COM: DIETZ.
Dietz
COMIT:
NASSOV.
Naßaw
COM:
CATZENELLEBOGH
Catzenelebogen
COMITATVS
WISBADENSIS.
Wisbaden
Coblentz
Herborn
Hachenborg
Limpurg
Hadamar
Drolshagen
Olepe
Wenden
Freudenberg
Windeck
Siega flu.
Sieg flu.
Weed flu.
Seyn flu.
Lanus flu.
Rhenus flu.
Mosella flu.
Aar flu.
Nidda flu.
Braubach
Boppaert
Ober Wesel
Caub
Bacharah
Ems
Montabaur
Idstein
Konigstein
Amstelodami,
Guiljelm. Blaeuw
Excudit.
Salomon Rogiers sculpsit.